Nueva Edición

a_tope.com

Cuaderno de ejercicios

Allgemeinbildende Schulen

Deine **interaktiven Übungen** und **Audios** findest du auf scook.de. Dort gibst du den unten stehenden Zugangscode in die Box ein.

Dein Zugangscode auf www.scook.de

Die Nutzungsdauer für die Online-Übungen beträgt nach Aktivierung des Zugangscodes zwei Jahre. In dieser Zeit speichern wir deine Lernstandsdaten für dich; nach Ablauf der Nutzungsdauer werden sie gelöscht.

pn8r-y6-gnzs

Cornelsen

a_tope.com Nueva Edición

Cuaderno de ejercicios
Allgemeinbildende Schulen

Im Auftrag des Verlages erarbeitet von:
Katja Zerck

Redaktion Spanisch:
Vicente Bernaschina Schürmann, Dirk Kessing, Heike Malinowski (Projektleitung)

Illustrationen: Laurent Lalo
Umschlaggestaltung: vitaledesign
Layout und technische Umsetzung: graphitecture book & edition

Umschlagfoto: F1online

ES/DE Sprachmittlung
PF Aufgabe, die Vorbereitung/Teil der Lernaufgabe ist
2 Hörverstehen/Tracknummer

www.cornelsen.de

Druck: ppm Fulda GmbH & Co. KG, Fulda

1. Auflage, 5. Druck 2023
Schülerfassung mit Online Übungen
978-3-06-120804-2

1. Auflage, 4. Druck 2021
Lehrerfassung mit Online Übungen und Audio-CD
978-3-06-120806-6

PEFC
PEFC/04-31-1308
Durch die Beschaffung von PEFC-zertifiziertem Material fördern wir weltweit nachhaltige Waldbewirtschaftung.
www.pefc.de

Hablamos español

Comprensión lectora

1 **¿Quién es? Apunta los nombres.** | Von wem ist die Rede? Trage die Namen ein. ▶ Texto, p. 8–9

______________________: «Hablo español y un poco de quechua.»

______________________: «Soy de la capital de España.»

______________________: «Hablo gallego y español.»

______________________: «Soy de Miami.»

______________________: «También hablo un poco de alemán: *Hallo, wie geht's?*»

Expresión escrita

2 **Contesta a Gonzalo y a Vega y preséntate.** | Antworte Gonzalo und Vega und stelle dich vor.

Shutterstock / cheapbooks

Shutterstock / Halfpoint

____

____

____

Comprensión auditiva

🎧 2 **3** **Escucha y elige la respuesta correcta. Pon números de 1 a 6.** | Höre zu und wähle die passende Antwort aus, indem du die Zahlen 1 bis 6 in die Kästchen schreibst.

☐ Soy de Perú, de la capital. Lima.

☐ ¿De Toledo? ¡No! Soy de Madrid, la capital de España.

☐ Me llamo Mateo. ¿Y tú? ¿Cómo te llamas?

☐ ¿Laura? No. Yo soy María Ángeles.

☐ Sí, también hablo inglés.

☐ Hablo español, inglés y un poco de alemán. ¿Y tú?

🎧 3 **4** a **Escucha y repite los nombres de las ciudades y los países.** | Höre dir die Städte- und Ländernamen an und sprich sie nach.

1. España, La Coruña, Logroño
2. Sevilla, Melilla, Trujillo, Mallorca
3. Chile, Elche, Chinchón

🎧 4 b **Escucha: ¿de dónde son Fermín, Pepa y Catalina? Subraya los lugares en 4 a.** | Höre zu: Woher kommen Fermín, Pepa und Catalina? Unterstreiche die Orte in 4 a.

¡Vamos!

Comprensión lectora

1 **¿Qué contestan las personas? Marca la respuesta adecuada.** | Kreuze die passende Antwort an und bilde dann das Lösungswort. ▶ Texto, p. 10–11

☐ C ¡Venga!
☐ E Hola. ¿Qué tal?
☐ F Muy bien.

☐ Z Ella es Lucía, una amiga.
☐ S Él es Alejandro, un amigo.
☐ A No, es un amigo.

☐ J Gracias, amigo.
☐ O Mucho gusto.
☐ P Fenomenal. ¿Y tú?

☐ A Encantada.
☐ D Es una amiga.
☐ R Bien, gracias.

☐ Ñ Mucho gusto.
☐ S Gracias, amigo.
☐ L Yo también.

☐ U Encantado.
☐ T ¡Buenos días!
☐ A ¡Hasta luego!

Solución: ___ ___ ___ ___ ___ ___

La lengua

2 **Durante el recreo hablas con Lucía. Lee las respuestas de Lucía y formula preguntas.** | Während der Pause sprichst du mit Lucía. Lies ihre Anworten und formuliere Fragen. ▶ Grammatik, 8

1. ¿_______________________________________? –Muy bien, gracias.
2. ¿_______________________________________? –Me llamo Lucía.
3. ¿_______________________________________? –Soy de Sevilla.
4. ¿_______________________________________? –Él es Alejandro, un compañero de clase.
5. ¿_______________________________________? –Hablo inglés, español y un poco de alemán.

3 UNBESTIMMTER ARTIKEL **¿Qué significan los sustantivos? Apunta con el artículo indeterminado.** | Was bedeuten die Substantive? Schreibe sie mit dem unbestimmten Artikel in das passende Fähnchen. ▶ Grammatik, 5

televisión *f.* museo *m.* supermercado *m.* familia *f.* autobús *m.* teléfono *m.* bicicleta *f.* catedral *f.*

Supermarkt ____________ Telefon ____________ Museum ____________

Bus ____________ Familie ____________

Kathedrale ____________ Fahrrad ____________ Fernseher ____________

A ¿Estudias o trabajas?

Comprensión lectora

1 ¿Qué sabes de Lucía y Marta? Completa los textos. | Was weißt du über Lucía und Marta? Vervollständige die Texte.
▶ Texto, p. 13

Lucía es de ____________, pero ahora estudia en Madrid, en el ____________ Calderón de la Barca. Es una ____________ de clase de Manuel. Habla español, inglés y también un poco de ____________. ¡Es muy difícil!

El ____________ de Marta es de ____________ y la ____________ es de Salamanca. Por eso en ____________ Marta habla ____________ y alemán. Todavía no trabaja, estudia en el ____________ Parque Aluche.

Shutterstock / holbox

La lengua

2 SER **Alejandro y Marta charlan en una plaza. Completa el diálogo con las formas del verbo ser.** | Ergänze das Gespräch mit den Formen von ser. ▶ Grammatik, 2

Alejandro: Hola, Marta, ____________ Alejandro. Manuel y yo ____________ amigos.

Marta: Encantada. Oye, Alejandro, Lucía y tú ____________ de aquí, de Madrid, ¿verdad?

Alejandro: Pues yo sí, yo ____________ de aquí, pero Lucía ____________ de Sevilla. ¿Y tú, de dónde ____________?

Marta: ____________ de Alemania. Mi padre ____________ de Múnich. ____________ una familia bilingüe[1].

1 **bilingüe** zweisprachig

3 VERBEN AUF -AR **¿Qué hacen los amigos? Formula frases.** | Was machen die Freunde? Formuliere Sätze. ▶ Grammatik, 1

1. *trabajar* / Gonzalo / en un supermercado / y tú / ¿*trabajar* / también?

   ____

2. Alejandro / en casa / con un amigo / *quedar*

   ____

3. Marta y Lucía / alemán / *practicar*

   ____

4. *charlar* / mis amigos y yo / en la plaza

   ____

5. Marta / alemán y español / *hablar* / y vosotros / ¿qué lenguas / *hablar*?

   ____

   ____

6. *quedar* / los compañeros de clase / en la cafetería

   ____

4 DIE VERNEINUNG **Apunta las preguntas y las respuestas como en el ejemplo.** | Notiere mithilfe der Verben im Kasten Fragen und Antworten wie im Beispiel. ▶ Grammatik, 3

ser *trabajar* ~~*hablar*~~ *ser* de *estudiar*

1. gallego – alemán

   ¿Hablas gallego? –No, no hablo gallego. Hablo alemán.

2. Rosa – Laura

3. instituto – universidad

4. Salamanca – Ronda

5. restaurante – empresa

Comprensión auditiva

5 **5** **Escucha. Después presenta a las personas.** | Höre zu und stelle die Personen dann vor.

¿Quién es él/ella? ¿De dónde es? ¿Qué lenguas habla? ¿Estudia o trabaja?

Shutterstock / palomadelosrios

Fotolia / Daniel Ernst

Expresión escrita

PF **6** **Buscas un amigo por correspondencia en España. Preséntate.** | Du suchst einen spanischen Brieffreund über eine Website. Erstelle dein Profil, in dem du dich kurz vorstellst.

¿Cómo te llamas? ¿De dónde eres? ¿Qué lenguas hablas (en casa)? ¿En qué instituto estudias? ¿Trabajas también?

www.amigosporcorres.es

perfil

Sube tu foto aquí

B ¿Preparamos el examen?

Comprensión lectora

1 **Marca la opción correcta y corrige las respuestas falsas.** | Kreuze an, was zutrifft und korrigiere die falschen Aussagen.
▶ Texto, p. 16

	correcto	falso	
1. Mañana es el examen de Inglés.	☐	☐	______
2. Lucía comprende los textos de Inglés.	☐	☐	______
3. Lucía escribe mucho en inglés.	☐	☐	______
4. Manuel recibe un mensaje en el móvil.	☐	☐	______
5. Lucía vive cerca de la biblioteca.	☐	☐	______
6. Los amigos preparan los textos en casa de Alejandro.	☐	☐	______

1

La lengua

2 **a** BESTIMMTER ARTIKEL; SINGULAR UND PLURAL DER SUBSTANTIVE **Completa la tabla.** | Ergänze die Tabelle mit den bestimmten Artikeln und den fehlenden Formen. ▶ Grammatik, 4, 6

singular ♂	plural ♂	singular ♀	plural ♀
___ texto	___ ______	___ ______	___ bibliotecas
___ instituto	___ ______	___ pregunta	___ ______
___ examen	___ ______	___ ______	___ clases
___ ______	___ mensajes	___ capital	___ ______
___ móvil	___ ______	___ ______	___ universidades
___ ______	___ ______	___ ______	___ ______
___ ______	___ ______	___ ______	___ ______
___ ______	___ ______	___ ______	___ ______
___ ______	___ ______	___ ______	___ ______

b **Completa la tabla de 2a con los sustantivos siguientes. Después forma el singular o plural.** | Trage die folgenden Substantive in die Tabelle ein und bilde dann den Singular oder Plural. ▶ Grammatik, 4, 6

plazas letras amigo compañera ejemplos señor restaurantes películas

3 VERBEN AUF -ER UND -IR **Completa con el verbo adecuado en la forma correcta.** | Ergänze mit dem passenden Verb in der richtigen Form. ▶ Grammatik, 1

1. Lucía: Marta, ¿______ (*comer / comprender / recibir*) tú los ejercicios de Alemán?
2. ¡¿Alejandro?! –¿Eh? ¡Un momento! Solo ______ (*escribir / aprender / comprender*) un mensaje.
3. Marta: Manuel, ¿______ (*comer / aprender / vivir*) el vocabulario juntos?
4. Manuel: ¿Quién ______ (*vivir / recibir / comprender*) los textos? ¡Pues yo no!
5. Los amigos de Manuel ______ (*vivir / leer / aprender*) en Madrid.
6. ¿Y vosotros? ¿______ (*recibir / leer / vivir*) en Alemania?

4 VERBEN AUF -AR, -ER UND -IR; SER **Lucía, Marta y Alejandro charlan en la plaza. Completa con los verbos.** | Setze die Verben ein. ▸ Grammatik, 1, 2

estudiar *aprender* *practicar* *hablar* (3 x) *escribir* *ser* (3 x) *comprender* *leer*

1. **Lucía:** Oye, Marta, ¿__________ solo alemán en casa?
2. **Marta:** Mi padre y yo solo __________ alemán, sí. Pero con mi madre __________ español. Ella __________ de Salamanca.
3. **Alejandro:** Oye, Lucía, tú también __________ alemán en el instituto, ¿verdad?
4. **Lucía:** Sí, pero __________ difícil. __________ cómics en alemán y también __________ textos. Así __________ mucho.
5. **Alejandro:** ¿__________ siempre[1] los ejercicios?
6. **Lucía:** No, no siempre. Pero ahora Marta y yo __________ juntas. ¡__________ genial!

1 siempre immer

5 FRAGEWÖRTER **Lee las respuestas y formula las preguntas.** | Lies die Antworten und bilde die passenden Fragen. ▸ Grammatik, 8

¿cuándo? ¿de dónde? ¿quién? ¿cómo? ¿qué (+ *sust.*)?

1. ¿____________________? –Pues yo. Yo comprendo los ejercicios.
2. ¿____________________? –¿El examen de Inglés? Es mañana.
3. ¿____________________? –Soy de Salamanca.
4. ¿____________________? –Ella es Lucía, una amiga.
5. ¿____________________? –Alemán, inglés y un poco de español.
6. ¿____________________? –Leo mucho en inglés. Así aprendo.
7. ¿____________________? –Me llamo Pablo. ¿Y tú?

Expresión escrita

6 **Completa el chat con Mateo, un estudiante de intercambio.** | Vervollständige das Chatgespräch mit Mateo, einem spanischen Gastschüler.

Mateo_17: Oye, tú estudias también inglés, ¿verdad?

____

Mateo_17: No comprendo los ejercicios de Inglés. ☹

____

Mateo_17: ¡Buena idea! ☺ ☺ ¿Quedamos en mi casa? Vivo cerca.

____

Mateo_17: De acuerdo. Entonces mañana en la biblioteca. ¡Gracias! ¡Hasta mañana!

____

C ¿Cuál es tu número de teléfono?

Comprensión lectora

1 **¿Quién es?** | Ordne die Aussagen der entsprechenden Person zu. ▶ Texto, p. 19

	Marta	Tarek	los dos
1. Es amigo/amiga de Manuel.	☐	☐	☐
2. Estudia Administración y Finanzas.	☐	☐	☐
3. Es nuevo/nueva en Madrid.	☐	☐	☐
4. Es vecino/vecina de Manuel.	☐	☐	☐
5. Estudia Informática y Programación.	☐	☐	☐
6. Quedan para tomar un café y charlar.	☐	☐	☐
7. Necesita ayuda con el ordenador.	☐	☐	☐

Comprensión auditiva

6 **2** **Tu intercambio español te da los nombres y teléfonos de sus amigos. Escucha y guárdalos en tu móvil.** | Dein spanischer Austauschpartner nennt dir die Kontaktdaten seiner Freunde. Speichere sie in deinem Handy.

1
nombre: ______
______
móvil: ______
______

2
nombre: ______
______
móvil: ______
______

3
nombre: ______
______
móvil: ______
______

4
nombre: ______
______
móvil: ______
______

7 **3** **Escucha y pon los signos de puntuación. ¿Se trata de una pregunta o no?** | Höre zu und setze die Satzzeichen. Handelt es sich um einen Aussage- oder Fragesatz?

1. ___ Alejandro es un compañero de clase ___
2. ___ El examen es mañana ___
3. ___ Manuel y Marta son vecinos ___
4. ___ Quedamos para tomar un café ___
5. ___ Sois de Madrid ___
6. ___ Descansamos un poco ___

8 **4** **Escucha los nombres de las ciudades españolas y completa con las letras que faltan.** | Höre dir die Namen der spanischen Städte an und ergänze die fehlenden Buchstaben.

1. Bur___os
2. ___aén
3. Va___ ___adolid
4. A___mería
5. Logro___o
6. Arganda del Re___
7. ___órdoba
8. Ta___ ___agona
9. ___uelva
10. ___amora
11. Sa___tander
12. Ca___tagena

La lengua

5 SUBJEKTPRONOMEN **¿Qué pronombre sujeto va con qué verbo?** | Welche Verbform passt zu welchem Subjektpronomen? Setze die richtige Zahl ein und unterstreiche die Verbendung. ▶ Grammatik, 7

1. yo 2. tú 3. él/ella 4. nosotros/-as 5. vosotros/-as 6. ellos/-as

☐ charlan ☐ vive ☐ aprendéis ☐ comes ☐ estudio ☐ practicamos

Expresión oral

6 SUBJEKTPRONOMEN **Pon el pronombre sujeto donde es necesario.** | Setze die Subjektpronomen, wo notwendig.

PF **7** **Haced el tándem.** ▸ p. 95

Expresión escrita

PF **8** **Tarek y Marta chatean. Hablan sobre sí mismos y quedan para hacer algo juntos. Escribe el chat.** | Tarek und Marta chatten miteinander. Sie erzählen von sich und verabreden sich. Schreibe den Chat in dein Heft und nutze die Informationen aus den Kästen.

Tarek

- de Casablanca (Marruecos)
- vive con los padres
- lenguas: español, francés y árabe
- en casa: árabe
- amigo de Alejandro, Lucía y Manuel
- estudia alemán

Marta

- de Múnich (Alemania), nueva en Madrid
- vive con los padres, padre de Múnich, madre de Salamanca
- lenguas: español y alemán
- vecina de Manuel

ideas para quedar

- tomar algo juntos
- practicar alemán o francés
- bailar en una discoteca
- descansar en la plaza
- comer algo en un restaurante
- aprender un poco de árabe
- comprar un ordenador nuevo
- preparar algo para comer
- charlar en la cafetería

Tarek99	¡Hola Marta!
Marta01	¡Hola Tarek!
Tarek99	…

Taller de lectura

En España, 47 millones de personas hablan español. Pero también hay otras lenguas en España.

lenguas cooficiales[1] de España:
el catalán: ca. 10 millones de hablantes
el gallego: ca. 3 millones de hablantes
el vasco: ca. 714 000 hablantes

Shutterstock/AJR_photo

¡Hola! Me llamo Laura y hablo castellano. Castellano es otro nombre del español. El origen del castellano es la región Castilla en el centro de España.

Kaixo! *Nire izena Paskal da.* Hablo vasco y español. El vasco es una de las lenguas más viejas de Europa y es muy diferente al español.

Shutterstock/Gelpi

ClipDealer/Andy Dean Photography

Ola! *Eu son Celia.* Hablo gallego y español. El gallego es muy parecido al portugués y es la lengua cooficial de Galicia.

Bon dia! *Em dic Antoni.* Hablo catalán y español. El catalán es la lengua con más hablantes después del español. Se habla sobre todo en Cataluña pero también en el este de España y el sur de Francia.

Shutterstock/Daniel M Ernst

1 la lengua cooficial die zweite Amtssprache

1 **Belege diese Aussagen am Text. Eine Aussage ist falsch.**

1. Kastilisch ist eine andere Bezeichnung für Spanisch.
2. Katalanisch spricht man auch im Süden Frankreichs.
3. Baskisch ist eine der ältesten Sprachen Europas.
4. Galicisch ist nach Spanisch die meistgesprochene Sprache Spaniens.
5. Galicisch ist dem Portugiesischen sehr ähnlich.

2 **Wie begrüßt man sich auf Katalanisch, Galicisch und Baskisch? Markiere die Begrüßung im Text.**

¡Vamos!

Comprensión lectora

1 a Marca la opción correcta. | Kreuze an, was zutrifft. ▶ Texto, p. 22–23

	correcto	falso
1. Los padres de Manuel viven en Perú.	☐	☐
2. Manuel y Lucía son alumnos de bachillerato en el instituto.	☐	☐
3. El hermano de Marta se llama Salvador.	☐	☐
4. Manuel y Marta viven en la calle José Garrido.	☐	☐
5. Marta estudia alemán en una escuela de formación profesional.	☐	☐
6. Nico, el hermano de Marta, ya tiene 18 años.	☐	☐
7. Manuel, Lucía, Marta y Alejandro viven en el barrio de Vista Alegre.	☐	☐
8. Los apellidos de Manuel son Rojas Garrido.	☐	☐

b Corrige las informaciones falsas en tu cuaderno. | Korrigiere die falschen Aussagen in deinem Heft.

La lengua

2 VOCABULARIO Javi y Lena cuentan sobre sus familias. Completa con las palabras que faltan. | Javi und Lena erzählen über ihre Familien. Ergänze die fehlenden Wörter.

Usa el vocabulario de las páginas 198–199 del libro.

Hola, soy Javi. Vivo con mi ____________ en el ____________ de Vista Alegre en Madrid. Soy ____________ en el instituto Calderón de la Barca. ____________ 14 ____________. Mi ____________ se llama Alejandro. Él tiene 16 y es muy ____________. Y tú, ¿____________ ____________ tienes? ¿____________ vives y con ____________?

Hola, me llamo Lena. Tengo 18 ____________ y vivo con mis ____________ y mi hermano ____________ y mi ____________ pequeña en Madrid. Se llaman Nico y Marta. Vivimos en la ____________ José Garrido. Somos los ____________ de la familia Rojas García. Son de Perú y Manuel y mi ____________ Marta son amigos y son ____________ en el instituto Calderón de la Barca. Yo estudio en una ____________.

Comprensión auditiva

9 **3 a Escucha y apunta los números de teléfono.** | Höre zu und notiere die Telefonnummern.

1. ____________ 2. ____________ 3. ____________ 4. ____________

10 **b ¿Dónde viven los amigos? Escucha y completa las direcciones.** | Wo wohnen die Freunde? Höre zu und ergänze die Adressen.

1	2	3	4
Gonzalo Pérez	Vega Morales López	Iván Fernández Díaz	Pedro Osuna Muñoz
Calle Cajamarca ______	Carrer de Londres ______	Calle de Nerja ______	Calle San Juan ______
______ Cuzco	______ Barcelona	______ Madrid	______ Cáceres

A Fotos de mi familia

Comprensión lectora

1 ¿QUIÉN ES? **Formula preguntas con ¿quién/quiénes? y contéstalas.** | Wer ist gemeint? Stelle Fragen mit quién/quiénes und beantworte sie. ▶ Texto, p. 25

Quién hat mit *quiénes* eine eigene Pluralform.

Ejemplo: Es artista. ¿Quién es? –Es el hermano de Tarek. / Es Farid.

1. Son alumnos en el instituto y charlan en el recreo. ¿___? –___.
2. Es de Marruecos. ¿___? –___.
3. Es guapa y simpática. ¿___? –___.
4. No son serios y estrictos. ¿___? –___.
5. Vive en París y ya estudia allí. ¿___? –___.
6. No es alegre y divertida. ¿___? –___.
7. Es tímido. ¿___? –___.
8. Viven en Casablanca. ¿___? –___.
9. No vive en Madrid con la familia de Tarek. ¿___? –___.
10. Tiene hermanos también. ¿___? –___.

La lengua

PF **2 a** ADJEKTIVE **Marta escribe un e-mail a su prima Soledad. Completa con la forma correcta de los adjetivos.** | Marta schreibt ihrer Cousine Soledad. Vervollständige die E-Mail mit der richtigen Form der Adjektive. ▶ Grammatik, 10

es_mail | enviar | insertar | ortografía | opciones | cancelar

Hola Soledad:

¿Qué tal? Ahora vivimos en Madrid. Es una ciudad ___. Vivimos en el barrio Vista Alegre, en una calle ___ y bastante ___. Es un barrio ___ con mucha gente ___. Por ejemplo, mis vecinos son de Perú. Son muy ___. Su hijo Manuel tiene 17 años y es ___ y ___ pero un poco ___ también. Su amiga, Lucía, también tiene 17 y es bastante ___. No es ___ como yo. Siempre quiere practicar alemán conmigo porque estudia alemán en el instituto. Alejandro tiene 16 años y es súper ___ aunque un poco ___ porque él también quiere estudiar siempre. Ya ves, mis ___ amigos son ___.

A ver si estudio un poco más con ellos, porque aquí es bastante diferente. Los exámenes son muy ___ y el profesor de Matemáticas es muy ___ ☹ pero explica muy bien y por eso aprendo mucho. ☺ Bueno, es todo. ¿Qué tal tu vida en Salamanca?

Un saludo,

Marta

fantástico/-a
tranquilo/-a
pequeño/-a
genial
interesante
simpático/-a
majo/-a
divertido/-a
tímido/-a
inteligente
vago/-a
guapo/-a
aburrido/-a
nuevo/-a
inteligente
difícil
estricto/-a

b **¿Qué significan estas palabras del e-mail?** | Was bedeuten diese Wörter aus der E-Mail? Suche sie im Text und erschließe sie mit Hilfe des Kontextes oder einer anderen Sprache. ▶ Wörter erschließen, S. 189–190

palabra	por el contexto	otras lenguas	en alemán
fantástica (l. 1)			
hijo (l. 5)			
conmigo (l. 8)			
súper (l. 9)			
aunque (l. 9)			
ves (l. 10)			
a ver (l. 11)			
si (l. 11)			
diferente (l. 11)			
profesor (l. 12)			
Matemáticas (l. 12)			
explica (l. 13)			
todo (l. 13)			
tu vida (l. 13)			
saludo (l. 14)			

3 ADJEKTIVE **Describe tu instituto: ¿Cómo es?** | Beschreibe deine Schule: Wie ist sie? ▶ Grammatik, 10

siempre[1] a veces[2] un poco bastante muy

tranquilo/-a genial bueno/-a pequeño/-a serio/-a difícil fenomenal interesante inteligente simpático/-a tímido/-a estricto/-a aburrido/-a

1 siempre immer 2 a veces manchmal

Mi instituto

1. Mis compañeros de clase son ______________________.
2. Los profesores ______________________.
3. Los ejercicios de Matemáticas ______________________.
4. Los exámenes de Inglés ______________________.
5. Mi profesor/a de Matemáticas ______________________.
6. Los textos de Español ______________________.
7. La biblioteca ______________________.
8. Los recreos ______________________.
9. Las clases ______________________.
10. Para mí, el instituto ______________________.

4 GRUPPENVERBEN E/IE **Completa las frases con las formas correctas de tener y querer.** | Ergänze die Sätze mit den passenden Formen von tener und querer. ▸ Grammatik, 9

1. Manuel ______ familia en Perú y Marta ______ familia en Alemania.
2. Manuel: «No ______ hermanos pero ______ tener hermanos.»
3. El hermano de Tarek no ______ vivir con sus padres en Madrid.
4. Los padres de Tarek: «Vivimos aquí en Madrid y ya no ______ vivir en Marruecos. Pero todavía ______ muchos amigos y familia en Marruecos.»
5. Marta: «______ familia en Salamanca, ¿verdad?»
   Lucía: «No, ______ familia en Sevilla. Mi padre y mi hermano viven allí. Mi padre ______ una casa en Sevilla.»
6. Ya no ______ (yo) estudiar más. ¿Y vosotros? ¿______ aprender español?
7. Alejandro: «Lucía, ______ tomar un café en el recreo?»
8. Marta ahora vive en Madrid y ya ______ muchos amigos.
9. Los amigos de Marta ______ 16 y 17 años.
10. ¿Y vosotros? ¿Cuántos años ______? ¿También ______ muchos amigos?

Expresión escrita

PF **5** **Vega describe a su familia. Escribe en tu cuaderno.** | Vega beschreibt ihre Familie. Schreibe in dein Heft.

Comprensión auditiva

11 **6** **Lucía le muestra fotos a Marta y le habla de su familia. Escucha y apunta la información en la tabla.** | Lucía zeigt Marta Fotos von ihrer Familie. Höre zu und notiere in der Tabelle, was du über die Familienmitglieder erfährst.

¿Cómo se llama?	¿Cuántos años tiene?	¿Cómo es?	¿Algo más?
Natalia	______	______	______
Mariana	______	______	______
Lucía	17	______	______
Salvador	______	______	______
el padre	______	______	______
la madre	______	______	______

B Vista Alegre, mi barrio

Comprensión lectora

1 Marca con una cruz las opciones correctas. | Kreuze an, was zutrifft. ▶ Texto, p. 28

1. En Vista Alegre hay calles
   ☐ ruidosas con mucha vida. ☐ tranquilas con poca gente. ☐ con poco tráfico.
2. Hay zonas
   ☐ ruidosas con mucha vida. ☐ tranquilas con poca gente. ☐ con mucho tráfico.
3. Hay muchos edificios
   ☐ modernos. ☐ viejos. ☐ grandes.
4. Hay una biblioteca
   ☐ pequeña. ☐ grande. ☐ moderna.
5. Hay un centro comercial
   ☐ bastante viejo. ☐ grande. ☐ muy moderno.
6. ¿Dónde está el polideportivo?
   ☐ Está lejos del centro de Madrid.
   ☐ Está lejos de la heladería.
   ☐ No está lejos de la plaza Eugenia.
   ☐ Está al lado de la plaza Eugenia.

7. ¿Qué más hay en Vista Alegre?
   Hay ______________________________
   ____
8. ¿Qué llegas a saber[1] sobre las chicas que hablan?
   Marta busca ______________________________
   y quiere ______________________________.
   Paula y sus amigas ______________________________.

1 llegar a saber erfahren

Comprensión auditiva

12 **2 Tarek habla del barrio de sus abuelos en Casablanca. Escucha y apunta la información en la tabla.** | Tarek erzählt von dem Stadtviertel seiner Großeltern in Casablanca. Höre zu und trage die Informationen in die Tabelle ein.

¿Qué hay en el barrio?	¿Cómo es el barrio?

La lengua

3 CUÁNTO/-A **Completa las preguntas con una forma del pronombre interrogativo** cuánto **y contesta las preguntas.** | Vervollständige die Fragen mit einer Form des Fragepronomens cuánto und beantworte die Fragen. ▶ Grammatik, 21

1. ¿__________ alumnos hay en tu clase de español? –Pues, hay __________.
2. ¿__________ gente vive en tu casa? –Somos __________ personas.
3. ¿__________ unidades/páginas tiene tu libro de español? –Tiene __________.
4. ¿__________ hermanas tiene Lucía? –__________.
5. ¿__________ tráfico hay en tu barrio/calle? –__________.
6. ¿__________ supermercados hay en tu barrio? –__________.
7. ¿__________ hermanos tiene Marta? –__________.
8. ¿__________ parques hay en tu ciudad? –__________.
9. ¿__________ panaderías hay en tu barrio? –__________.
10. ¿__________ piscinas hay en tu ciudad? –__________.

4 POSSESSIVBEGLEITER **María manda fotos de su familia. Completa las frases con los determinantes posesivos.** | Vervollständige die Sätze mit den Possessivbegleitern. ▶ Grammatik, 14

Fotolia/ekaterina_belova

Hola Frida y Toñi:

Aquí tenéis fotos de __________ familia. Mira, estos son __________ hermanos. Y esta es una foto de __________ casa en __________ calle. __________ barrio es moderno pero __________ casa ya es bastante vieja. Aquí vivo con __________ abuelos y con __________ madre y __________ hermana. __________ hermano Julio tiene 20 años y no vive con nosotros. Vive con __________ compañeros cerca de la universidad y cerca de __________ padre. __________ padre vive con __________ novia.

¿Y vosotros? ¿También tenéis fotos de __________ familia? ¿Cómo son __________ vidas? Y __________ casa y __________ barrio, ¿cómo son?

Un abrazo,

María

5 KONTRAKTION DEL / DE LA **Contesta las preguntas y apunta los sustantivos adecuados.** | Beantworte die Fragen und setze die passenden Substantive ein. ▶ Grammatik, 13

de + el = del

cafetería plaza instituto calle Goya universidad hotel Marysol supermercado restaurante Monte Mayor biblioteca centro polideportivo centro comercial panadería kiosco heladería gimnasio

1. ¿Dónde vive Marta? –Pues, creo que vive cerca del __________
____
2. ¿Dónde está? –Pues, creo que está cerca de la __________
____

6 SER/ESTAR **¿Quién es? ¿Dónde está? Contesta las preguntas en tu cuaderno.** | Wer ist das? Wo ist er/sie? Beantworte die Fragen in deinem Heft. ▶ Grammatik, 11

1

Nico / hermano de Marta / alumno / polideportivo

Nico es el hermano de Marta. Es alumno en el instituto Calderón de la Barca. ¡Mira!, aquí está en el polideportivo (de su barrio).

2

Mariana y Natalia / hermanas de Lucía / biblioteca

3

Javi / hermano de Alejandro / alumno / instituto / calle Cervantes

4

Paula / amiga de Marta / española / en casa / barrio Vista Alegre

5

Tarek / divertido / hermano de Farid / amigo de Manuel / de Marruecos / centro comercial

7 SER/ESTAR/HAY **Subraya el verbo correcto.** | Unterstreiche das passende Verb. ▶ Grammatik, 12

1. Este **es / está / hay** mi instituto.
2. **Es / Está / Hay** en el centro.
3. Mi casa no **es / está / hay** lejos de aquí.
4. Cerca del instituto **es / está / hay** un parque.
5. Allí siempre **es / está / hay** mucha gente.
6. En mi clase de español no **somos / estamos / hay** muchos alumnos.
7. En mi clase **son / están / hay** tres alumnos de Marruecos.
8. También **es / está / hay** un profesor nuevo en el instituto.
9. Es profesor de Inglés y **es / está / hay** de Londres[1].

1 Londres London

C ¿Adónde vamos?

Comprensión lectora

1 Completa las frases con la información correcta. | Vervollständige die Sätze mit den richtigen Informationen.
▶ Texto, p. 31

puedes tomar un café gratis hoy · quedan en una cafetería después · puedes hacer un taller de slackline · prueban el rocódromo nuevo · es en el centro cultural · hay un rocódromo nuevo · van al taller de slackline

1. En el parque ______________________________.
2. En el polideportivo ______________________________.
3. Manuel y Tarek ______________________________.
4. En los restaurantes y en las cafeterías ______________________________.
5. La presentación del libro ______________________________.
6. Marta y sus amigos ______________________________.
7. Lucía y Marta ______________________________.

La lengua

2 GRUPPENVERBEN E/IE UND O/UE **Completa el esquema con las formas de los verbos.** | Fülle das Schema mit den Verbformen aus. ▶ Grammatik, 9, 16

	querer	poder
[yo]	______	______
[tú]	______	______
[él/ella]	______	______
[nosotros/-as]	______	______
[vosotros/-as]	______	______
[ellos/ellas]	______	______

3 Completa las frases con la forma correcta de los verbos probar, poder y costar. | Vervollständige die Sätze mit der richtigen Form der Verben probar, poder y costar. ▶ Grammatik, 16

1. Nosotros ______________ el taller de slackline y vosotros, ¿qué ______________ hoy?
2. Hoy ______________ ir al cine con tu padre o a la piscina con tu hermana.
3. Mi primo ______________ el rocódromo nuevo en el polideportivo y yo ______________ ir al parque porque ______________ mi slackline nuevo. El rocódromo ______________ 5 euros pero mi slackline es gratis. ☺
4. Hoy ______________ (nosotros) ir a la heladería. Los helados solo ______________ un euro hoy.
5. ¿Por qué no ______________ el rocódromo nuevo con tus amigos? –Hoy no ______________.
6. Hoy mis padres no ______________ ir al centro cultural con nosotras, pero mañana ______________ ir con ellos.

4 IR AL / A LA **Usa una forma de ir al o ir a la y formula una frase como en el ejemplo.** | Verwende eine Form von ir al oder ir a la und formuliere einen Satz wie im Beispiel.

▶ Grammatik, 19

a + el = al

1. mi familia / *ir* / a veces / de mi barrio / restaurante nuevo

   Mi familia a veces va al restaurante nuevo de mi barrio.

2. *ir* (yo) / casi siempre / para hacer deporte / polideportivo

   ____

3. Juan y su novia / heladería nueva / *ir* / a veces

   ____

4. ¿por qué? / *ir* (vosotros)/ nunca / teatro / con nosotros

   ____

5. ¿con quién? /parque / siempre / *ir* (tú)

   ____

6. Lucía y Marta / piscina / *ir* / a veces

   ____

7. centro cultural / mis amigos y yo / casi nunca / *ir*

   ____

8. Lena / *ir* / normalmente / con su novio / cine

   ____

5 VERBEN **Completa el diálogo con la forma correcta de los verbos.** | Setze die richtige Form der Verben ein.

Tarek: Oye, Alejandro. Manuel y yo ____________ (*ir*) al rocódromo nuevo en el polideportivo. ¿____________ (*tener*) tiempo? Entonces ____________ (*poder*) ir con nosotros.

Alejandro: Sí, ____________ (*querer*) pero hoy no ____________ (*poder*). ____________ (*tener que*) estudiar para el examen de Inglés. ____________ (*ser*) mañana.

Tarek: Nunca ____________ (*hacer* / tú) deporte. Solo ____________ (*estudiar* / tú) para los exámenes.

Alejandro: Sí, ____________ (*hacer* / yo) deporte. A veces ____________ (*ir* / yo) a la piscina.

Tarek: ¡Venga, chico! Hoy ____________ (*poder*) probar el rocódromo nuevo gratis con nosotros. ____________ (*poder* / nosotros) quedar en la plaza…

Alejandro: Sí, pero no ________________ (*poder* / yo). Pero ¿por qué no ________________ (*probar* / nosotros) el taller de slackline en el parque mañana? ________________ (*poder*) quedar después del examen. Los alumnos ________________ (*pagar*) muy poco.

Tarek: Bueno, ¿por qué no? ________________ (*quedar* / nosotros) en el parque mañana y hoy ________________ (*ir* / yo) al rocódromo con Manuel.

Alejandro: Y después ________________ (*poder* / tú) invitar a Marta a un café en la cafetería nueva en el parque…

Tarek: Y tú ¿qué ________________ (*hacer*) después? ¿________________ (*estudiar*)?

Alejandro: No, ________________ (*ir*) al cine con Lucía.

Tarek: Pues, ¡hasta mañana entonces!

6 ¿Cómo lo dices en español? | Wie drückst du das auf Spanisch aus?

> Anders als im Deutschen steht im Spanischen der Infinitiv immer direkt hinter dem konjugierten Modalverb:
> Wir können morgen zusammen in den Park gehen.
> *Mañana podemos ir al parque juntos.*

1. Ich will mich morgen mit meiner Freundin verabreden.

____

2. Heute können wir in der Eisdiele keinen Kaffee zusammen trinken.

____

3. Heute kann mein Freund sich nicht verabreden, weil er noch so viele Sachen machen muss.

____

____

4. Willst du mit meiner Familie morgen ins Schwimmbad gehen?

____

5. Morgen musst du noch für die Englischklausur lernen.

____

6. In meinem Stadtviertel kann ich immer lustige Sachen mit meinen Freunden machen.

____

____

Comprensión auditiva

13 **7 Marta llama a Alejandro. Escucha su conversación y contesta las preguntas.** | Marta ruft Alejandro an. Höre zu und beantworte die Fragen.

1. ¿Dónde están? ________________
2. ¿Dónde quedan? ________________
3. ¿Adónde quieren ir? ________________

Expresión oral

8 Haced el tándem. ▸ p. 96

Taller de lectura

www.buscahoteles.com

HOSTAL ANTONÍ

Fotolia / Kavalenkava

9,1 Magnífico
2036 Opiniones

Ubicación ☆☆☆☆☆
Servicios ☆☆☆☆☆
Habitación ☆☆☆☆☆

Ubicación:
El hostal está en el barrio Sant Antoní. Es uno de los barrios más famosos y antiguos de Barcelona con muchísima vida. Además es muy central. Justo a la esquina encuentras los mejores lugares para salir. Los bares más chulos, los restaurantes más ricos y los clubs más de moda. En la Plaza Catalunya y la Rambla hay muchos cafés, heladerías, etc., y están a solo 15 minutos caminando. En el mercado Antoní puedes comprar de todo: frutas, carne... (y lo puedes preparar en nuestra cocina completamente equipada con tus amigos). Además tienes un supermercado y muchos kioscos al lado. ¡Ven al *Hostal Antoní* y disfruta de unas vacaciones inolvidables!
Llegada:
El hostal está a solo cuatro paradas de metro de la estación central y a media hora del aeropuerto.

HOSTAL BAMA — HOTEL FAVORITO

shutterstock / Kert

9,5 Genial
4128 Opiniones

Ubicación ☆☆☆☆☆
Servicios ☆☆☆☆☆
Habitación ☆☆☆☆☆

Ubicación:
Nuestro hostal *Bama* está en una zona maravillosa de Barcelona, ¡a solo 500 metros de la playa! Nuestro barrio es tranquilo y hay poco tráfico. Puedes pasear por calles pintorescas y tomar algo en uno de los pequeños cafés, son muy acogedores. Por solo 5 Euros al día puedes alquilar una bici para descubrir todo a golpe de pedal. Si te gusta estar en la naturaleza, relajarte y disfrutar de la tranquilidad, ¡este es el lugar ideal para ti!
Equipamiento:
Nuestras habitaciones disponen de baños privados y cajas fuertes.

1 **Ein Freund von dir möchte seinen 18. Geburtstag in Barcelona verbringen, um dort mit Freunden feiern zu gehen. Welches Hostel empfiehlst du ihm?**

2 **Belege deine Wahl am Text: Welches Hostel ist besser für dich geeignet, wenn du**

- nah am Zentrum wohnen möchtest?
- gerne im Meer schwimmen gehst?
- viel mit dem Fahrrad erkunden möchtest?
- gerne auf Märkten einkaufen gehst?
- gerne in einem ruhigen Viertel wohnen möchtest?
- gerne tanzen gehst?

1 VERBEN AUF -AR; SER **Completa con la forma correcta de los verbos hablar, estudiar, trabajar, charlar, practicar y ser.** | Vervollständige die Sätze mit der richtigen Form der Verben hablar, estudiar, trabajar, charlar, practicar und ser.

1. Hola, yo ______________ Pedro. ______________ de Barcelona.
2. Manuel y Marta ______________ en la plaza.
3. Y vosotros, ¿______________ o ______________?

   –¿Nosotros? ______________ en el instituto Parque Aluche.
4. Oye, tu madre ______________ inglés, ¿verdad?
5. Marta, tú ______________ alemán, ¿verdad? ¿______________ (nosotras) un poco?
6. Mateo, ¿tú ______________ de La Coruña, ¿verdad? ¿Qué lenguas ______________ en casa? –Pues en casa ______________ gallego y español.
7. Y vosotras, ¿quiénes ______________? –Nosotras ______________ Julia y Cristina.
8. ¿Yo? No, yo todavía no ______________. ______________ en el instituto Parque Aluche.

2 VERBEN AUF -AR, -ER UND -IR **Apunta las preguntas y las respuestas como en el ejemplo.** | Schreibe die Fragen und Antworten wie im Beispiel.

1. ¿dónde? / *vivir* (vosotros) → Barcelona

   ¿Dónde vivís? –Vivimos en Barcelona.
2. ¿qué? / *escribir* (tú) → mensaje

   ____
3. ¿dónde? / *estudiar* (vosotros) → instituto Parque Aluche

   ____
4. ¿quiénes? / *aprender* alemán → Marta y Lucía

   ____
5. ¿quién? / *recibir* un mensaje → Alejandro

   ____
6. ¿dónde? / *vivir* Lucía → Madrid

   ____
7. ¿qué? / *leer* (vosotros) → textos de Inglés

   ____

3 TENER **Luis se presenta. Escribe sus frases.** | Luis stellt sich vor. Schreibe auf, was er sagt.

Hola, soy Luis...

____

Luis (16) • Madrid • barrio: Argüelles (calle de Ferraz 58) • alumno de bachillerato (instituto Lope de Vega) • dos hermanos: María (12), Nicolás (14)

shutterstock / RimDream

4 POSSESSIVBEGLEITER UND ADJEKTIVE **Completa los textos con los determinantes posesivos adecuados y la forma correcta de los adjetivos.** | Vervollständige die Texte mit den passenden Possessivbegleitern und der richtigen Form der Adjektive.

1. Hola, soy Elena. Soy una persona bastante ______ (creativo/-a) y ______ (alegre). ______ madre también es así, pero ______ padre no. Él es un poco ______ (serio/-a) y también bastante ______ (estricto/-a). Y ______ padres, ¿cómo son?
2. Este es Polo. Es un chico muy ______ (majo/-a). Vive con ______ familia en el centro de Madrid, en el barrio de Lavapiés. ______ padres son muy ______ (divertido/-a) y ______ (alegre). Pero ______ hermana, Alba, es ______ (diferente[1]): es bastante ______ (tranquilo/-a) y ______ (tímido/-a). No habla mucho.

1 **diferente:** *hier* anders

5 SER/ESTAR/HAY **Completa el diálogo con la forma correcta de los verbos ser, estar o hay.** | Vervollständige den Dialog mit der richtigen Form der Verben ser, estar oder hay.

Elena: Hola, Polo, ¿cómo ______ tu barrio nuevo? ¿______ ruidoso?

Polo: Pues sí. ______ bastante cerca del centro, por eso ______ mucha vida.

Elena: Y tu calle, ¿cómo ______? ¿______ fea?

Polo: Pues no. Las casas ______ muy bonitas. Además ______ un centro comercial y una biblioteca. ______ muy cerca.

6 **Manuel le pregunta a Lucía por sus actividades. Escribe las preguntas y las respuestas con la forma correcta de los verbos ir, poder, tener que y querer.** | Manuel fragt Lucía nach ihren Aktivitäten. Schreibe die Fragen und Antworten mit der richtigen Form der Verben ir, poder, tener que und querer.

1. ¿*Ir* / hoy / al parque? → no / *poder* / *tener* que / estudiar alemán

   ¿Vas hoy al parque? –No puedo, tengo que estudiar Alemán.

2. ¿*Ir* / después / a la heladería? → sí / *querer* / tomar / café con Marta

   ______

3. ¿*Querer* (vosotras) / ir / al cine? → no / *poder* / *tener* que / practicar alemán

   ______

4. ¿*Ir* / mañana / al polideportivo? → sí / *querer* / probar / el rocódromo con Tarek

   ______

5. ¿*Poder* / ir / con vosotros? → sí / *poder* / *quedar* / en el parque

   ______

6. ¿*Ir* (vosotros) / después / al museo? → no / *poder* / Tarek / *tener* que / ir a la piscina

   ______

7. ¿*Ir* (nosotros) / al museo? → sí / mañana / no / *tener* que / estudiar

   ______

¡Vamos!

Comprensión lectora

1 **¿Qué (no) les gusta hacer a los chicos? Relaciona las frases con las personas y pon el número correspondiente.** | Ordne die Aussagen den Personen zu, indem du die entsprechende Zahl neben die Namen schreibst. ▸ Texto, p. 40–41

1. «No me gusta hacer deporte.» 2. «También me gusta bailar.» 3. «A mí no me gusta jugar al fútbol.»

4. «Me gusta bastante jugar al fútbol.» 5. «A mí me gusta ir al gimnasio.» 6. «Me gusta escuchar música.»

Tarek: ________ Alejandro: ________ Lucía: ________ Manuel: ________

La lengua

2 **Completa el crucigrama con las actividades.** | Fülle das Wortgitter mit den Freizeitbeschäftigungen aus.

1▸ tocar la ~
2▸ ir a ~
3▸ usar el ~
4▸ ~ un café
5▸ hacer ~ en el gimnasio
6▸ escuchar la ~
7▸ ~ en la discoteca
8▸ ~ con amigos
9▸ leer ~, periódicos y revistas
10▸ ~ a España
11▸ ver la ~

Solución: ____________________

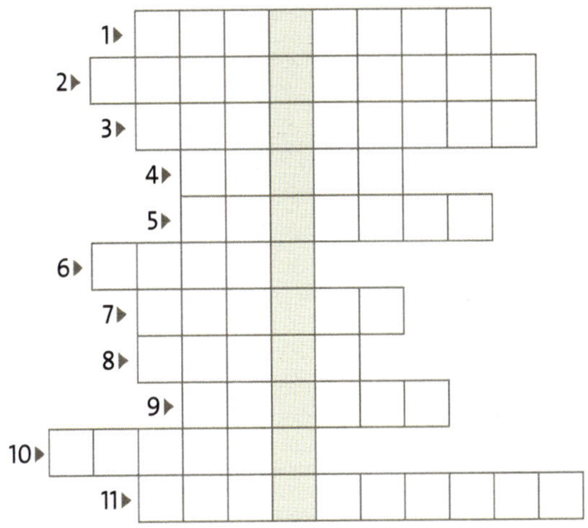

3

3 GUSTAR **¿Cuáles de estas actividades te gustan? Formula frases con me gusta mucho/bastante o no me gusta (nada).** | Formuliere Sätze mit me gusta mucho/bastante oder no me gusta (nada). ▸ Grammatik, 23

1
Fotolia / Andrey Popov

2
Fotolia / steevy84

3
shutterstock / Dudarev Mikhail

4
shutterstock / g-stockstudio

4 TAMBIÉN/TAMPOCO **Tu amigo español te pregunta qué te gusta hacer. Contéstale.** | Dein spanischer Freund fragt dich, was du gerne machst. Antworte ihm. ▸ Grammatik, 22

a mí | sí / no / también / tampoco

1. ¿A ti te gusta ir al cine?
2. ¿A ti te gusta escuchar la radio?
3. A mí no me gusta bailar. ¿Y a ti?
4. A mí me gusta viajar. ¿Y a ti?
5. ¿A ti te gusta ir a conciertos?
6. A mí me gusta ir al teatro. ¿Y a ti?

1. ____________
2. ____________
3. ____________
4. ____________
5. ____________
6. ____________

A ¿Qué estáis haciendo?

Comprensión lectora

1 **¿De qué chatean los amigos? Termina las frases según el contenido del chat.** | Worüber chatten die Freunde? Beende die Sätze. ▶ Texto, p. 43

1. Los chicos chatean porque ______________________________.
2. Tarek y Manuel quieren ir a un concierto porque ______________________________.
3. Lucía no puede ir porque ______________________________.
4. Marta y Lucía quedan en casa para ______________________________.
5. Al final[1] Lucía está superfeliz porque ______________________________.
6. Los amigos quedan ______________________________.

1 al final am Ende

La lengua

2 ESTAR + GERUNDIO **Pon los verbos siguientes en la forma del gerundio. Después, termina las frases.** | Setze die folgenden Verben ins *gerundio* und führe sie zu Ende. ▶ Grammatik, 24

yo / *buscar* tú / *jugar* ella / *leer* nosotros / *ver* vosotros / *tocar* ellos / *hacer*

1. Estoy __________ buscando __________ ____________________
2. Estás __________ __________ ____________________
3. __________ __________ ____________________
4. __________ __________ ____________________
5. __________ __________ ____________________
6. __________ __________ ____________________

3 DAS INDIREKTE OBJEKTPRONOMEN **Durante el recreo los chicos hablan del concierto. Completa el diálogo con la forma correcta del pronombre indirecto.** | Ergänze mit dem indirekten Objektpronomen. ▶ Grammatik, 23

Tarek: Mañana vamos al concierto. Es que a nosotros __________ gusta mucho el rap. Chicos, ¿queréis ir también? ¿__________ mando el enlace del grupo?

Juan: ¡Sí, claro! Oye, Tarek, ¿dónde es el concierto? ¿__________ das la dirección, por favor?

Tarek: Claro. Es en el Palacio «Vistalegre». Está muy cerca. ¿Y qué pasa con Marta?

Juan: No sé, no __________ contesta. ¡Pero creo que es fan de este grupo!

Tarek: Sí, ¡es verdad! __________ escribo y __________ mando el enlace del grupo, también. Y tú. Laura, ¿quieres ir?

Laura: No puedo. Tengo que estudiar para el examen de Alemán. Aprendemos el acusativo.

Tarek: ¿El acu… qué? ¿__________ tomas el pelo?

Juan: Anda, Laura, __________ explico[1] el tema. No es difícil.

Laura: ¡Guay! Entonces, sí voy.

4 GUSTAR **Haced el tándem 1.** ▶ p. 97

Expresión oral

5 **Haced el tándem 2.** ▶ p. 97

Expresión escrita

6 a **Marta quiere ir al teatro para ver la comedia «Demonios». Por eso empieza un chat con Lucía y Alejandro. Completa con las expresiones.** | Marta möchte ins Theater gehen. Vervollständige den Chat mit den Ausdrücken.

¿Me estás tomando el pelo? ¡Buena idea! ¡Venga! ¿Qué pasa?

grupo de chat

Marta: Lucía, Alejandro, ¿qué estáis haciendo?

Lucía: Estoy viendo la tele.

Alejandro: Estoy leyendo. ____________________

Marta: ¿Os gusta ir al teatro? Hoy hay una comedia[1] superguay en el Teatro Minutito, «DEMONIOS». Os mando una foto. ¿Vamos?

Alejandro: ¿Ir al teatro? ____________________

Marta: ____________________ ¡¡Es superdivertido!!

Lucía: ____________________ A mí me gusta el teatro.

…

1 la comedia die Komödie

b **Continúa el chat en tu cuaderno y elige una de las alternativas.** | Führe den Chat in deinem Heft fort und wähle eine der folgenden Alternativen.

1. Die Freunde gehen ins Theater und trinken vorher etwas.
2. Lucía hat leider keine Zeit, da sie lernen muss, aber Marta und Alejandro gehen ins Theater.
3. Die Freunde gehen nicht ins Theater, sondern ins Kino.

Comprensión auditiva

14

7 **Escucha: ¿cómo están los chicos? ¿Por qué? Marca los adjetivos adecuados y luego termina las frases.** | Kreuze die passenden Adjektive an und führe die Sätze zu Ende.

1. Raquel está ☐ feliz ☐ contenta ☐ nerviosa porque ____________________
2. Elena está ☐ cansada ☐ feliz ☐ nerviosa porque ____________________
3. Guillermo está ☐ nervioso ☐ contento ☐ cansado porque ____________________
4. Mateo está ☐ contento ☐ nervioso ☐ cansado porque ____________________
____
5. Begoña está ☐ contenta ☐ cansada ☐ feliz porque ____________________
____

B Ropa para una entrevista

Comprensión lectora

1 **¿Qué prenda le gusta a quién y por qué? Completa la tabla.** | Wem gefällt welches Kleidungsstück und warum? Ergänze die Tabelle. ▸ Texto, p. 46

¿Qué?	¿A quién?	¿Por qué?
La camisa rosa	le gusta mucho a ______ no le gusta a ______	______ ______ ______
El pantalón gris	les gusta a ______	______ ______
Los zapatos negros	le encantan a ______ no le gustan a ______	______ ______ ______
El cinturón	no le gusta a ______	______

La lengua

2 ¿QUÉ?/¿CUÁL? **Contesta el cuestionario de moda y completa con** ¿qué? **o** ¿cuál/es?. | Beantworte den Fragebogen und ergänze mit ¿qué? oder ¿cuál/es?. ▸ Grammatik, 25

1. ¿______ es tu color favorito? ______
2. ¿______ color no te gusta nada? ______
3. ¿______ pantalones prefieres, los elegantes o los cómodos? ______
4. Tienes dinero para comprar una camisa blanca o negra. ¿______ compras?

______

3 DIE DEMONSTRATIVBEGLEITER UND -PRONOMEN **Estás en una tienda de ropa. Completa las frases con** este/ese, esta/esa, estos/esos, estas/esas. | Ergänze mit este/ese, esta/esa, estos/esos, estas/esas. ▸ Grammatik, 26

1. ______ cinturón no es muy caro,
   ______ sí.
2. ______ jerséis son de buena calidad,
   ______ no.
3. ______ camisas son muy elegantes,
   ______ no.
4. ______ zapatos no son de cuero,
   ______ sí.

4 GUSTAR/ENCANTAR **En una entrevista en la calle, dos chicas hablan de sus gustos. Completa con las formas correctas de gustar y encantar y los pronombres.** | Zwei Mädchen werden auf der Straße interviewt. Ergänze mit gustar und encantar sowie den indirekten Objektpronomen. ▶ Grammatik, 23

☺☺☺ encanta/n ☺☺ gusta/n mucho ☺ gusta/n ☹ no gusta/n ☹☹ no gusta/n nada

shutterstock / Pavel L Photo and Video

Cristina: Hola, soy Cristina. Estoy haciendo una entrevista para saber[1] qué ______________ ☺ a los chicos y chicas de hoy. ¿Quiénes sois?

Julia y Ana: Somos Ana y Julia y tenemos 15 años.

Cristina: Julia, ¿qué ______________ ☺ hacer en tu tiempo libre?

Julia: A mí ______________ ☺ ir al cine.
¡______________ ☺☺☺ las películas españolas!
Y también ______________ ☺☺ escuchar música y leer.

Cristina: Y a ti, Ana, ¿qué ______________ ☺?

Ana: ¡A mí ______________ ☺☺☺ la música! Toco la guitarra y bailo. Y el cine también ______________ ☺, pero ______________ ☹ las películas españolas. Prefiero las americanas.

Cristina: ¿Y la tele? ¿A vosotras ______________ ☺ la tele?

Julia: Pues a mí ______________ ☹☹.

Ana: A mí ______________ ☹ tampoco. Veo vídeos en Internet, eso sí, pero ¿ver la tele? Casi nunca.

Cristina: ¿Y ______________ ☺ el instituto?

Julia: A mí sí. Y a Ana también ______________ ☺ bastante. Bueno, los exámenes no…

1 **saber** erfahren

Comprensión auditiva

15

5 a Escucha: ¿qué prendas les gustan a los chicos? Marca las prendas correctas. | Welches Kleidungsstück gefällt den Personen? Wähle die richtigen Teile aus. Einige bleiben übrig.

1 ☐ 
shutterstock / lasha

2 ☐ 
shutterstock / sagir

3 ☐ 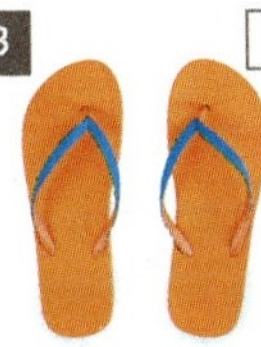
shutterstock / Serhii Tsyhanok

4 ☐ 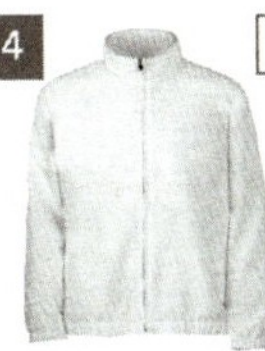
shutterstock / OZaiachin

5 ☐ 
shutterstock / Maryna Pleshkun

6 ☐ 
shutterstock / eightstock

15

b Escucha otra vez. ¿Qué prendas le gustan a quién y por qué? | Wem gefällt welches Kleidungsstück und warum?

	¿Qué prenda le gusta?	¿Por qué?
1. Pablo	______________	______________
	______________	______________
2. Toño	______________	______________
	______________	______________
3. Sara	______________	______________
	______________	______________
4. Rosa	______________	______________

C ¡Así soy yo!

Comprensión lectora

1 a ¿Cuáles de los chicos encajan en el anuncio «proyecto cine»? Elige los dos dibujos correctos y justifica tu elección. | Welche Personen passen zur Anzeige „Proyecto cine“? Wähle die zwei passenden Bilder und begründe deine Wahl.

► Texto, p. 49

1 ☐

2 ☐

3 ☐

4 ☐

5 ☐

____

____

b ¿Como es Arib? Completa la ficha. | Vervollständige den Steckbrief.

Arib
busco:
lenguas:
aficiones[1]:
aspecto físico[2]:

1 la afición das Hobby 2 el aspecto físico das Aussehen

La lengua

2 a Apunta los antónimos. | Bilde Gegensatzpaare.

alto/-a ≠ ______________

rubio/-a ≠ ______________

gordo/-a[1] ≠ ______________

el pelo rizado ≠ ______________

el pelo corto ≠ ______________

los ojos oscuros[2] ≠ ______________

1 oscuro/-a dunkel 2 gordo/-a dick

b Le pides a un amigo llevar unos libros a Pepa y Javier. Como no los conoce, se los describes. | Du bittest einen Freund, Pepa und Javier Bücher mitzunehmen. Da er sie nicht kennt, beschreibst du sie ihm.

1

Pepa es ______________

y ______________.

Tiene el pelo ______________

______________,

______________ y

______________.

Sus ojos son ______________

______________.

2

Javier es ______________

____

____

____

____

____

____

____

____

4 GUSTAR/ENCANTAR **En una entrevista en la calle, dos chicas hablan de sus gustos. Completa con las formas correctas de gustar y encantar y los pronombres.** | Zwei Mädchen werden auf der Straße interviewt. Ergänze mit gustar und encantar sowie den indirekten Objektpronomen. ▶ Grammatik, 23

☺☺☺ encanta/n ☺☺ gusta/n mucho ☺ gusta/n ☹ no gusta/n ☹☹ no gusta/n nada

shutterstock / Pavel L Photo and Video

Cristina: Hola, soy Cristina. Estoy haciendo una entrevista para saber[1] qué __________ ☺ a los chicos y chicas de hoy. ¿Quiénes sois?

Julia y Ana: Somos Ana y Julia y tenemos 15 años.

Cristina: Julia, ¿qué __________ ☺ hacer en tu tiempo libre?

Julia: A mí __________ ☺ ir al cine.
¡__________ ☺☺☺ las películas españolas!
Y también __________ ☺☺ escuchar música y leer.

Cristina: Y a ti, Ana, ¿qué __________ ☺?

Ana: ¡A mí __________ ☺☺☺ la música! Toco la guitarra y bailo. Y el cine también __________ ☺, pero __________ ☹ las películas españolas. Prefiero las americanas.

Cristina: ¿Y la tele? ¿A vosotras __________ ☺ la tele?

Julia: Pues a mí __________ ☹☹.

Ana: A mí __________ ☹ tampoco. Veo vídeos en Internet, eso sí, pero ¿ver la tele? Casi nunca.

Cristina: ¿Y __________ ☺ el instituto?

Julia: A mí sí. Y a Ana también __________ ☺ bastante. Bueno, los exámenes no…

1 saber erfahren

Comprensión auditiva

15 **5 a Escucha: ¿qué prendas les gustan a los chicos? Marca las prendas correctas.** | Welches Kleidungsstück gefällt den Personen? Wähle die richtigen Teile aus. Einige bleiben übrig.

1 ☐

shutterstock / lasha

2 ☐

shutterstock / sagir

3 ☐
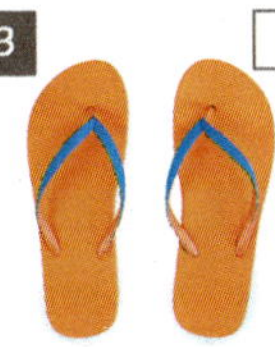
shutterstock / Serhii Tsyhanok

4 ☐
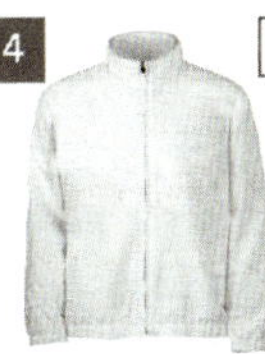
shutterstock / OZaiachin

5 ☐

shutterstock / Maryna Pleshkun

6 ☐

shutterstock / eightstock

15 **b Escucha otra vez. ¿Qué prendas le gustan a quién y por qué?** | Wem gefällt welches Kleidungsstück und warum?

	¿Qué prenda le gusta?	¿Por qué?
1. Pablo		
2. Toño		
3. Sara		
4. Rosa		

C ¡Así soy yo!

Comprensión lectora

1 a ¿Cuáles de los chicos encajan en el anuncio «proyecto cine»? Elige los dos dibujos correctos y justifica tu elección. | Welche Personen passen zur Anzeige „Proyecto cine“? Wähle die zwei passenden Bilder und begründe deine Wahl.

▶ Texto, p. 49

1  ☐ 2  ☐ 3  ☐ 4  ☐ 5  ☐

____

____

b ¿Como es Arib? Completa la ficha. | Vervollständige den Steckbrief.

Arib
busco:
lenguas:
aficiones[1]:
aspecto físico[2]:

1 la afición das Hobby 2 el aspecto físico das Aussehen

La lengua

2 a Apunta los antónimos. | Bilde Gegensatzpaare.

alto/-a ≠ ______________________ el pelo rizado ≠ ______________________

rubio/-a ≠ ______________________ el pelo corto ≠ ______________________

gordo/-a[1] ≠ ______________________ los ojos oscuros[2] ≠ ______________________

1 oscuro/-a dunkel 2 gordo/-a dick

b Le pides a un amigo llevar unos libros a Pepa y Javier. Como no los conoce, se los describes. | Du bittest einen Freund, Pepa und Javier Bücher mitzunehmen. Da er sie nicht kennt, beschreibst du sie ihm.

1

Pepa es ______________

y ______________.

Tiene el pelo ______________

______________,

______________ y

______________.

Sus ojos son ______________

______________.

2

Javier es ______________

____

____

____

____

____

____

____

____

3 DIREKTES OBJEKT BEI PERSONEN (A) **¿Qué hacen los amigos? Formula frases. Utiliza la preposición a si es necesario.** | Formuliere Sätze. Verwende die Präposition a, falls nötig. ► Grammatik, 28

1. Lucía / *buscar* / Marta __________
2. Marta / *usar* / el ordenador __________
3. Alejandro / *leer* / una revista __________
4. Manuel / *ver* / su amigo __________
5. Lucía / *tocar* / la guitarra __________
6. Tarek / *describir* / su familia /en una entrevista __________

Comprensión auditiva

16 **4 a Escucha: ¿cómo describen los chicos a sus hermanos? Apunta el aspecto físico de Daniel y Susana (estatura, pelo, ojos...) y cómo son.** | Wie beschreiben die Personen ihre Brüder? Notiere ihr Aussehen (Statur, Haar, Augenfarbe ...).

16 **b ¿Qué más entiendes?** | Was verstehst du noch?

Expresión escrita

PF **5 Contesta el primer e-mail de tu futuro intercambio español Miguel.** | Beantworte die erste E-Mail deines zukünftigen spanischen Austauschpartners Miguel in deinem Heft.

es_mail | enviar | insertar | ortografía | opciones | cancelar

De: miguel_zapatero@terra.es

Asunto: Hola: ¡Soy Miguel!

Hola, me llamo Miguel. ¡Soy tu intercambio de Madrid! Tengo 16 años y estudio en el instituto «Lope de Vega». Tengo dos hermanos mayores, Juan y Pablo. También están en la foto que te mando. Yo soy el chico alto y delgado con el pelo rubio. A mis hermanos y a mí nos encanta pasar tiempo en el Retiro, es un parque muy grande en el centro de Madrid. Muchas veces quedamos con amigos allí. Además me gustan mucho los deportes, sobre todo el fútbol, y escuchar música. También voy mucho al cine. ¿Y tú? ¿Quién eres? ¿Cómo eres? ¿Qué haces en tu tiempo libre? ¿Tienes hermanos? Me encantaría saber de ti pronto.
Saludos, Miguel

Taller de lectura

1 **Betrachte die Anzeige. Worum handelt es sich vermutlich?**

2 **Lies nun die Anzeige im Detail. Welche der Aussagen sind richtig? Belege deine Auswahl am Text.**

1. ☐ Wenn man zwei Artikel erwirbt, kostet der günstigere nur die Hälfte.
   ☐ Es wird ein Rabatt von 50 % auf alle Artikel gewährt.
   ☐ Wenn man mehrere Artikel kauft, ist der zweite ein kostenloses Geschenk.

2. ☐ Das Angebot gilt für das gesamte Warenangebot.
   ☐ Das Angebot gilt nicht für das komplette Sortiment.
   ☐ Das Angebot gilt ausdrücklich nur im Laden, nicht im Onlinekatalog.

3. ☐ Wenn man drei Artikel kauft, ist der dritte kostenlos.
   ☐ Wenn man drei Artikel kauft, erhält man den dritten Artikel zum halben Preis.
   ☐ Wenn man drei Artikel kauft, bekommt man einen vierten Artikel gratis.

4. ☐ Das Angebot lässt sich mit weiteren Aktionen kombinieren.
   ☐ Das Angebot gilt in allen Läden spanienweit.
   ☐ Das Angebot gilt nur für in Verbindung mit Wertgutscheinen.

5. ☐ Die Anzeige soll besonders Leute ansprechen, die noch nach Geschenken suchen.
   ☐ Die Anzeige wirbt für den Winterschlussverkauf.
   ☐ Die Anzeige bewirbt die Neueröffnung einer Filiale.

3 **Welches Angebot gefällt dir besser und warum?**

¡Vamos!

Comprensión lectora

1 **¿Qué pasa? ¿A qué hora? ¿Cuándo y dónde? Busca las horas y las fechas en los diálogos / en el cartel y da la información.** ▶ Texto, p. 52–53

1  Ahora son las ______________________________

______________________________.

2  La película ______________________________

a las ______________________________.

3 15/4 El maratón de Madrid es el quince

______________________________.

4 12/11– 13/11 La feria de ______________ es del ________

al ________ de ______________________.

5  ______________________________

____

6  ______________________________

____

7 10/5– 14/5 ______________________________

____

8  ______________________________

____

9 8/1 ______________________________

____

10 23/9 ______________________________

____

La lengua

2 **a** **¿Qué hora es? Escribe la hora.**

1  2  3  4  5  6 

7  8  9  10  11  12 

1. Son las ______________________________
2. ______________________________
3. ______________________________
4. ______________________________
5. ______________________________
6. ______________________________
7. ______________________________
8. ______________________________
9. ______________________________
10. ______________________________
11. ______________________________
12. ______________________________

b **Escribe la hora en tu cuaderno.**

Ejemplo: 22:43 Son las once menos diecisiete.

1 23:31 2 00:14 3 19:40 4 21:55 5 21:35 6 03:22

7 16:37 8 17:12 9 13:15 10 20:52 11 07:26 12 00:51

3 **En el recreo, tus amigos charlan y un alumno español quiere saber qué dicen. ¿Cómo lo dices en español?**

el viernes = **am** Freitag, d. h. (nur) diesen Freitag
los viernes = freitag**s**, d. h. jeden Freitag

1. Am Donnerstag habe ich eine Englischklausur.

   ____

2. Donnerstags haben wir von acht bis halb zehn Englisch(unterricht).

   ____

3. Am Montag gehen wir ins Kino.

   ____

4. Die „Nacht in Weiß" ist immer samstags.

   ____

5. Wann gehst du am Sonntag ins Schwimmbad?

   ____

6. Dienstags geht ihr immer ins Sportzentrum, stimmt's?

   ____

7. Mittwochs öffnet die Bibliothek nie.

   ____

8. Am Freitag fängt der Film schon um viertel vor acht an.

   ____

Comprensión auditiva

17 **4 a** **Escucha la conversación entre Lucía, sus hermanas Mariana y Natalia y su madre. Es domingo y hablan de la semana que viene. Completa la agenda de Lucía.**

Lunes	Martes
______	______
______	______
______	______

Miércoles	Jueves
______	______
______	______
______	______

Viernes	Sábado	Domingo
______	______	______
______	______	______
______	______	______

17 **b** **Escucha otra vez y completa la agenda de la familia.**

A El instituto

Comprensión lectora

1 a Marca con una cruz (x) el resumen correcto. ▶ Texto, p. 55

a) ☐ El tema del texto son las notas que necesitas para estudiar Medicina en España. Victoria Díaz es estudiante de Bachillerato y sus notas son muy buenas. En el texto de la revista, ella explica qué tienes que hacer para sacar buenas notas.

b) ☐ El tema del texto son las asignaturas en los institutos españoles. Victoria Díaz habla de sus asignaturas favoritas y de sus actividades de tiempo libre. A ella le gusta mucho salir y no le gusta trabajar para el instituto. Pero es inteligente y por eso saca buenas notas en casi todas las asignaturas.

c) ☐ El tema del texto es el secreto de Victoria Díaz para sacar buenas notas. Victoria es una muy buena alumna. En el texto ella habla de sus asignaturas, de su tiempo libre, y también nos explica qué podemos hacer para sacar buenas notas.

b Explica por qué los otros dos son falsos.

El resumen... no es correcto / es falso porque ______________________________

____

____

____

4

La lengua

2 a IMPERATIV SINGULAR **La madre de Marta da muchos consejos a sus hijos. Elige el verbo correspondiente y completa con la forma del imperativo en singular.** ▶ Grammatik, 31

aprender *cerrar* *contestar* *dormir* *escribir* *escuchar* *estudiar* (x 2) *hablar* *hacer* *mirar* *poner*

1. Marta, por favor, ______________ bien en la clase de Química. En casa no tienes ayuda.
2. Siempre sacas malas notas en Física. ______________ un poco más, Nico, y ______________ atención en clase, por favor.
3. Lena, ______________ los deberes de Matemáticas con tu hermano. Hoy no puedo. ¿Vale?
4. ¿Tu libro de Geografía? A ver, ______________, aquí está.
5. Marta, ______________ más para Inglés. ______________ el vocabulario nuevo con tiempo. ¿Vale?
6. ¿Dónde tengo mi móvil? Bueno, Lena, ______________ un mensaje a la abuela que no podemos este fin de semana. ¿Vale?
7. Nico, ______________ alemán con tu padre. Él también habla alemán con vosotros.
8. Marta, ¿tienes tiempo hoy? … ¿Marta? ¡______________ mi pregunta!
9. Nico, ______________ ya. Son las once menos cuarto.
10. Marta, ______________ la puerta.

2 b IMPERATIV PLURAL **En clase, el profesor habla con sus alumnos. Elige el verbo correspondiente y completa con la forma del imperativo en plural.** ▶ Grammatik, 31

abrir *cerrar* *contestar* *dormir* *escribir* *escuchar* *hablar* *leer* *terminar* *trabajar*

1. ______________ vuestros libros en la página[1] 52 y ______________ las preguntas.
2. Ahora ______________ bien el diálogo y ______________ las preguntas en vuestros cuadernos[2].
3. Ahora ______________ un texto entre 100 y 150 palabras[3] sobre el tema «El día a día».
4. ______________ vuestros textos ya.
5. ¡______________ la puerta!
6. ______________ con vuestro compañero.
7. Jonas y Julian, ______________ en español, por favor.
8. Y Finja y Anna, ______________ en casa y no aquí, ¿vale?

1 la página die Seite
2 el cuaderno das Heft
3 la palabra das Wort

3 IMPERATIV MIT PRONOMEN **El hermano pequeño de Tarek tiene problemas en el colegio. ¿Qué le dice a su hermano? Utiliza el imperativo del singular con el pronombre adecuado.** ▶ Grammatik, 32

comprar *dar* *echar* *escribir* *explicar* *preguntar* *preparar*

1. ______________ eso otra vez, por favor.
2. ¡______________ el libro!
3. ¡______________ un helado!
4. ______________ el texto, por favor.
5. Tarek, ______________ una mano, por favor.
6. ¡______________ algo para comer!
7. –No entiendo los deberes de Inglés.
   –Pues, entonces ______________, chico.

4 BEGLEITER TODO/-A **Completa el blog con la forma correcta de todo + el artículo determinado.**

blog

¡Hola!

Soy Lena. Aquí quiero explicar que no a ______________ ________ jóvenes les gusta ir al instituto. ______________ ________ mundo tiene que ir al instituto pero no a ______________ ________ alumnos les gusta estudiar. Pero ______________ ________ gente piensa que el instituto es muy importante. Yo no. Hay muchas cosas que no necesitas en ______________ ________ vida. Una compañera, por ejemplo, pasa ______________ ________ días en la biblioteca y estudia. Es la típica empollona. Saca sobresalientes en ______________ ________ exámenes y en ______________ ________ asignaturas y siempre hace ______________ ________ deberes. Pues, yo no. Prefiero hacer deporte. Por ejemplo, hoy voy ______________ ________ día al polideportivo y mañana al parque porque el 15 de abril quiero hacer el maratón de Madrid. ______________ ________ experiencias que hago cuando hago deporte son importantes para mí y también ______________ ________ cosas que hago en mi tiempo libre.

¿Y tú? ¿Qué es importante para ti?

Comprensión auditiva

18

5 Escucha los mensajes de los chicos y apunta los nombres.

Lucía Manuel Marta Alejandro Tarek

1. Quiere jugar al voleibol con sus amigos.

   Es ______________________.

2. No tiene tiempo hoy. Es ______________________.
3. Tiene problemas con los deberes. Es ______________________.
4. Necesita una entrada. Es ______________________.
5. Quiere salir. Es ______________________.

Mediación

6 a Wie würdest du auf Spanisch mit deinen Worten diese Begriffe wiedergeben? ▶ Wörter umschreiben, S. 190

Versuche, mit deinen eigenen Worten den Sinn der Aussage wiederzugeben.

1. Es liegen keine Noten vor. ______________________
2. Hauptfach/Nebenfach ______________________
3. Wahlpflichtfach ______________________

ES DE

b Die Mutter eines spanischen Austauschschülers ist in ihrer Firma für Personalfragen zuständig und hat eine Bewerbung eines deutschen Jugendlichen erhalten, der sich für ein dreimonatiges Praktikum im Sommer bewirbt. Sie braucht deine Hilfe, um das Zeugnis zu verstehen. Was sagst du? ▶ Palabrateca, p. 152; ▶ Sprachmittlung, S. 188

La madre: Tengo aquí el boletín de un chico alemán que quiere hacer prácticas en nuestra empresa, pero parece que las notas en Alemania son diferentes. Por favor, échame una mano: ¿es un buen alumno o no?

Tú: Sage zunächst ganz allgemein etwas über die Leistungen des Schülers.

La madre: Comprendo. ¿En qué asignaturas saca buenas notas?

Tú: Nenne die Fächer, in denen er gute und sehr gute Noten hat und erkläre, dass Spanisch sein Wahlpflichtfach ist.

La madre: Entonces tiene también buenas notas y habla al menos un poco de español. Perfecto. Entonces estudia y le gusta hacer deporte.

Tú: Erwähne, dass es in den Hauptfächern nicht so gut aussieht und dass das auch etwas über den Fleiß aussagt.

La madre: Ah, comprendo, vale. Pero ¿qué notas tiene en Matemáticas y en las Ciencias?

Tú: Nenne die Noten und erwähne, dass in Biologie und Chemie keine Noten vorliegen.

La madre: ¿Química y Biología no son asignaturas en Alemania?

Tú: …

La madre: Vale, ya comprendo. ¡Muchas gracias!

Ricarda-Huch-Oberschule
Integrierte Sekundarschule mit gymnasialer Oberstufe
Berlin, Bezirk Charlottenburg-Wilmersdorf

ZEUGNIS
für Benjamin Schulte geboren am 30. April 2000

1. Halbjahr der **Einführungsphase der gymnasialen Oberstufe**
im Schuljahr 2016–2017 Klasse 11.03

Fach	Punkt	Note	Fach	Punkt	Note
Wahlpflichtunterricht:					
Erdkunde	09	3+	Spanisch	10	2-
Pflichtunterricht:					
Deutsch	08	3	Mathematik	05	4
1. Fremdsprache Englisch	12	2+	Physik	05	4
ab Jahrgangsstufe: 1			Chemie	=	=
2. Fremdsprache Französisch	05	4	Biologie	=	=
Geschichte/ Politikwissenschaft	11	2	Musik	12	2+
Geografie/ Politikwissenschaft	09	3+	Bildende Kunst	12	2+
			Sport	13	1–

Freiwillige Unterrichtsveranstaltungen: ______________

Bemerkungen: Benjamin ist Schüler der Ricarda-Huch-Oberschule. Der Unterricht in den Fächern PW und Biologie wurde auf Spanisch erteilt.

Versäumte Tage	2	davon unentschuldigt	=
davon unentschuldigt	=	Verspätungen	2
Versäumte Einzelstunden	7		

= versetzt in die Qualifikationsphase der gymnasialen Oberstufe

Berlin, 29. Januar 2017

Beurteilung der Leistungen: 1. = sehr gut. 2. = gut. 3. = befriedigend. 4. = ausreichend. 5. = mangelhaft. 6. = ungenügend
Zeugnis Z 300 Zeugnis der Einführungsphase der gymnasialen Oberstufe (Integrierte Sekundarschule, berufliches Gymnasium) – (11.11)

B ¿Quedamos?

Comprensión lectora

1 a Ordena los dibujos poniendo números en las casillas y el día de la semana. ▸ Texto, p. 58

1

☐ Es ______________.

2

☐ Es ______________.

3

☐ Es ______________.

4

☐ Es ______________.

b Describe la situación en los dibujos en el orden correcto.

____

____

____

____

____

____

La lengua

2 IR/VENIR **Marta y Lucía encuentran a Manuel en la calle. Completa el diálogo con las formas de ir y venir.**

> Wenn die Bewegung zum Sprecher hin geht, verwendet man in der Regel das Verb *venir*. Geht die Bewegung vom Sprecher weg, verwendet man *ir*.

Manuel: ¡Hola chicas! ¿Adónde ______________?

Lucía: ______________ al instituto y Marta ______________ al centro. Y tú, ¿de dónde ______________?

Manuel: ______________ de la casa de un compañero. Y vosotros, ¿de dónde ______________?

Marta: ______________ de la casa de Alejandro.

Manuel: ¿De Alejandro? ¿Pero por qué Alejandro no ______________ con vosotras entonces?

Marta: No sé. ¿Por qué?

Manuel: Pues, él también tiene que ______________ al instituto como Lucía y yo.

Marta: Ah, ahora comprendo por qué no tenéis tiempo para salir por la tarde hoy. ¿Por qué ______________ al instituto? ¿Qué hay?

Lucía: ______________ a una presentación de libro. Puedes ______________ con nosotros también.

Marta: No gracias. Prefiero ______________ al centro. Tarek ______________ también. Pero podemos quedar después. ¿Por qué no ______________ todos juntos a la heladería?

Manuel: No tengo mucho dinero. ¿Qué tal si ______________ a mi casa y vemos una película juntos?

Marta: Buena idea.

3 IR A + INFINITIV **¿Qué van a hacer los chicos un día antes de un examen? Formula las frases como en el ejemplo y escríbelas en tu cuaderno.** ▶ Grammatik, 33

Ejemplo: Primero Ana va a aprender el vocabulario nuevo y después…

1. Ana / aprender el vocabulario nuevo / escribir un texto en francés
2. Lucía / hacer todos los deberes otra vez / dormir antes de las nueve
3. Tarek y Marta / quedar en el parque / contestar las preguntas del profe otra vez
4. Manuel / leer / todos los textos otra vez / descansar un poco
5. poner (vosotros) atención / trabajar en grupos para preparar los diálogos
6. Lena / mirar todos los deberes otra vez / no hacer nada más
7. la madre de Nico le / preguntar muchas cosas con la ayuda de su cuaderno / tomar un helado juntos
8. ¿Y tú? ¿Qué hacer (tú) un día antes de un examen?

4 SABER / PODER **¿Cómo lo dices en español? Explica a un amigo español qué dicen tus amigos en alemán. Escribe las frases en tu cuaderno.** ▶ Grammatik, 35

1. Sag mal, Tim kann doch gut kochen, oder? Kann er nicht Freitag kommen und uns helfen?
2. Gute Idee … dann können wir zum Supermarkt gehen und einkaufen.
3. Super … dann kann ich mich ausruhen und ihr könnt schon mal alles vorbereiten!
4. Moment … Du kannst doch Gitarre spielen, oder? Dann kannst du mit Kathrin sprechen, sie kann Klavier spielen …
5. Dieser Tim … er kann so viele Sachen: er kann gut schwimmen, er kann gut Volleyball spielen … und er kann kochen!
6. Ist doch super … wir können ihm jetzt sofort eine SMS schreiben.

Comprensión auditiva

5 a Describe cada dibujo en tu cuaderno. Utiliza estar + gerundio. ▶ Grammatik, 24

En el dibujo número uno / dos / tres veo a… Está/n…

19 **b Escucha a los chicos. Después marca con una cruz el dibujo que mejor corresponde a la situación y explica por qué.**

____

____

c Marca los temas. ¿De qué hablan los chicos?

concierto profesores deporte cocinar otros alumnos el móvil prácticas ropa el fin de semana hermanos exámenes notas

d Explica el problema de Alejandro.

____

____

C Cintia, una chica de Perú

Comprensión lectora

1 a Marca la opción correcta según el reportaje con una cruz. ▶ Texto, p. 61

1. Por la mañana
   - ☐ Cintia prepara el desayuno para sus seis hermanos.
   - ☐ la madre les pone el uniforme escolar a sus hijos[1] pequeños.
   - ☐ Cintia se ducha primero y después desayuna.
2. Para ir a la escuela
   - ☐ Cintia va a pie.
   - ☐ la madre lleva a todos sus hijos[1] en autobús.
   - ☐ sus hermanos necesitan veinte minutos a pie.
3. Cintia se queja un poco
   - ☐ porque el autobús siempre llega tarde.
   - ☐ porque a veces no quiere aguantar a sus hermanos.
   - ☐ porque sus hermanos nunca se apuran.

1 **el hijo / la hija** der Sohn / die Tochter

4. A veces Cintia se queda en casa porque
   - ☐ pierde el autobús.
   - ☐ tiene que ayudar a su madre en el campo.
   - ☐ no hay clases cuando llueve.
5. El padre de Cintia
   - ☐ recoge siempre a sus hijos[1] de la escuela.
   - ☐ ve a sus hijos[1] solo por la tarde porque trabaja en Lima.
   - ☐ a veces viene de Lima y trae regalos para sus hijos[1].
6. Cintia
   - ☐ se acuesta tarde aunque se levanta a las cinco de la mañana.
   - ☐ está cansada por la noche.
   - ☐ quiere vivir en Lima y tener más tiempo libre.

b Corrige las opciones falsas en tu cuaderno con la información del reportaje.

La lengua

2 Completa el texto con la forma correcta de los verbos. ▶ Grammatik, 36

shutterstock / Blend Images

El padre de Cintia ______________ (*llamarse*) Roberto y ______________ (*trabajar*) en una fábrica[1] de zapatos en Lima, la capital de Perú. No ______________ (*ver*) mucho a su familia pero en el campo no ______________ (*tener*) suficiente trabajo. Por eso siempre les ______________ (*llevar*) regalos cuando ______________ (*ir*) a su pueblo para ______________ (*ver*) a sus hijos[2] y a su mujer[3]. Solo ______________ (*vivir*) en Lima para trabajar y por eso casi nunca ______________ (*quedar*) con sus compañeros de trabajo. Todos los días ______________ (*levantarse*) muy temprano – normalmente a las cinco. ______________ (*ducharse*), ______________ (*desayunar*) y ______________ (*ponerse*) su ropa de trabajo. Después ______________ (*tomar*) el autobús. No ______________ (*poder*) ir a pie porque ______________ (*vivir*) en un barrio que ______________ (*estar*) bastante lejos (de la fábrica). A veces ______________ (*levantarse*) un poco tarde y entonces ______________ (*perder*) el autobús. Sin embargo no ______________ (*apurarse*) porque ______________ (*poder*) tomar el próximo autobús también para no ______________ (*llegar*) tarde al trabajo. Por la noche, en casa, ______________ (*cocinar*) algo, ______________ (*ver*) la tele o ______________ (*leer*) un libro y casi siempre ______________ (*acostarse*) antes de las diez de la noche.

1 **la fábrica** die Fabrik   2 **el hijo** der Sohn, das Kind   3 **la mujer** die Ehefrau

3 IMPERATIV DER REFLEXIVEN VERBEN **Este fin de semana, el padre de Cintia está en casa. Usa el imperativo del verbo reflexivo, primero en singular, después en plural.** ▶ Grammatik, 36

quedarse un rato con la abuela — *apurarse*, que ya llegamos tarde — *quejarse* con Cintia
levantarse, que ya son las nueve y media — *ponerse* una camisa blanca — *acostarse*, que ya es tarde

¿Qué dice el padre de Cintia a uno de sus hijos?	¿Qué dice el padre de Cintia a dos de sus hijos?
1. ______	______
2. ______	______
3. ______	______
4. ______	______
5. ______	______
6. ______	______

Expresión escrita

4 **Convierte el texto sobre Roberto, el padre de Cintia, que trabaja en Lima (en el ejercicio 2, p. 40) en una entrevista con preguntas y respuestas. Escribe el texto en tu cuaderno.**

4

PF **5** **Eduardo, tu intercambio, te escribe un e-mail porque va a llegar a tu casa dos días antes. En el e-mail te pregunta qué vas a hacer en esos días y qué podéis hacer juntos. Escribe en tu cuaderno una respuesta con tus actividades e indica también una o dos cosas que podéis hacer juntos.**

Mediación

6 **Eduardo, tu intercambio, está de excursión y te llama porque va a volver tarde esta noche. Explícale a tu madre qué dice y explícale las preguntas de tu madre. Escribe en tu cuaderno.**

Quiere saber Pregunta	si cuándo dónde	…
Dice que		

tu madre	tu intercambio
1. Frage Eduardo, wann er heute nach Hause kommt.	Voy a las ocho.
2. Müssen wir ihn von der Schule abholen?	No, los padres de Jonas me van a llevar a vuestra casa.
3. Weiß er schon, wohin sie morgen fahren?	No sé. Tengo que preguntar a mi profe. Creo que vamos a una exposición.
4. Frage ihn mal, ob er heute nach dem Ausflug noch etwas essen möchte.	No gracias.
5. Braucht er noch etwas aus dem Supermarkt?	No tampoco.
6. Sage ihm, dass wir eine Überraschung für ihn haben.	¡Qué guay!

Expresión oral

7 **Haced el tándem.** ▶ p. 98

Taller de lectura

–¡Mamaaá!

–Hija, por Dios, no des esas voces, que no estoy sorda[1].

–Perdona […]. Es que me acaba de llamar Carmen. Da una fiesta el sábado y me quiere invitar. ¿Puedo ir?

–Bueno, supongo que sí –respondió con aire ausente[2]–. ¿A qué hora terminará?

–Sobre las dos o las tres.

–¿De la mañana? […]

–¡Venga, mamá! Van todas las de la clase. Si quieres, habla con su madre… […].

–Bueno, está bien –dijo […].

–¡Gracias, mami, eres la mejor madre del mundo! […]

–Oye, ¿y qué te vas a poner? –me preguntó con un entusiasmo más forzado que un pie del 38 en un zapato del 35.

–Esa es otra, no tengo nada.

–¿Cómo que no tienes nada? ¿Y el vestido de las Navidades[3]?

–¡Pero, mamá, qué cursilada[4]! Nadie va así vestida a una fiesta.

–¿Cómo van entonces?

–Pues no sé… Con un top… una mini…

–Vamos, de lo que tienes lleno el armario.

–¿Lleno, dices? A ver, ¿cuántas minifaldas[5] tengo?

–Que yo recuerde, tres.

–Si cuentas las dos que ya no me sirven […]. Tú no conoces a mis amigas, van todas de marca[6].

–¡Vaya bobada[7]! Hay gente que se viste de arriba abajo de marca y va hecha un adefesio[8]. Además, ¿a ti qué más te da lo que digan? No deberías ser tan influenciable. Es importante tener criterios propios y tú misma siempre [dices] que es una bobada eso de las marcas.

–Porque antes no iba a fiestas, pero ahora es diferente. Para ti es muy fácil, porque […] a papá le da igual. Pero te querría ver yo en mi situación. Claro que como nunca tienes tiempo para ir conmigo de compras, lo único que cuenta para ti es tu trabajo. […]

–¿Me estás acusando[9] de ser mala madre?

–No, perdona, no quería decir eso, pero la madre de Sandra siempre tiene tiempo para ir de compras con ella, y la de Ainhoa y la de Inma…

–Vale, está bien, si quieres vamos a dar una vuelta por [las tiendas].

–Gracias, mamá, eres la mejor.

–¡Chaquetera![10]

Pero la realidad fue bien distinta. Una vez en la tienda, lo que a mí me gustaba, a mi madre le parecía espantoso[11]. Y a la inversa[12].

1 **no estoy sorda** ich bin nicht taub
2 **respondió con aire ausente** sie antwortete abwesend
3 **las Navidades** Weihnachten
4 **¡qué cursilada!** wie kitschig!
5 **una minifalda** ein Minirock
6 **van todas de marca** alle tragen Markenkleidung
7 **¡Vaya bobada!** Was für ein Quatsch!
8 **y va hecha un adefesio** *hier* und sehen albern aus
9 **me estás acusando de…** wirfst du mir etwa vor, dass …
10 **¡Chaquetera!** Opportunistin!
11 **… le parecía espantoso.** … sie fand es furchtbar.
12 **Y a la inversa.** Und umgekehrt genauso.

1 Wie fühlen sich Mutter und Tochter?

Creo que […] Pienso que	está es	bastante muy	contento/-a nervioso/-a feliz tímido/-a tranquilo/-a	porque […]

2 Suche im Text die Teile, die den folgenden Titeln entsprechen.

Planes para el sábado (líneas ________–________)

Madre e hija (líneas ________–________)

¿Qué me pongo? (líneas ________–________)

Comprar ropa (líneas ________–________)

3 Wie geht die Geschichte weiter? Was könnte der Tochter gefallen? Was sagt die Mutter dazu? Kaufen sie am Ende etwas? Erfinde einen Dialog und schreibe ihn in dein Heft.

1 GUSTAR **¿Qué les gusta a los chicos? Completa las frases con el verbo gustar y los pronombres nada, bastante y mucho.**

nada ☹ bastante ☺ mucho ☺☺

1. **Alejandro:** A mí no me gusta nada ____ ☹ ir al gimnasio.
2. A Marta y Alejandro ____ ☺ las películas españolas.
3. ¿A ti ____ ☺☺ ir al teatro?
4. A Lucía ____ ☺☺ escuchar música y bailar.
5. **Lucía y Tarek:** A nosotros ____ ☺ la clase de arte.
6. **Manuel:** A mí ____ ☺ el carnaval.
7. ¿A vosotros ____ ☺☺ ir a la piscina?
8. A Alejandro ____ ☹ los libros de historia.
9. A Manuel ____ ☺☺ las vacaciones.
10. **Tarek:** A Manuel y a mí ____ ☺☺ el rap.

2 ESTAR + GERUNDIO **Formula las respuestas de los chicos como en el ejemplo.**

1. ¡Manuel! / *escribir* un mensaje ¡Manuel! –¿Eh? Un momento, estoy escribiendo un mensaje.
2. ¡Tarek! / *hablar* con un amigo ____
3. ¡Lucía! / *leer* un e-mail ____
4. ¡Marta! / *mirar* fotos ____
5. ¡Alejandro! / *ver* un vídeo ____
6. ¡Manuel! / *buscar* un número ____

3 VOCABULARIO **Tarek compra ropa. ¿Qué preguntas le hacen en la tienda?**

1. ¿____ ayuda? –Sí, gracias.
2. ¿____? –Busco zapatos finos y una camisa elegante para una entrevista.
3. ¿____? –Tengo la M.
4. ¿____ esta camisa? –Pues, me parece poco cómoda.
5. ¿____ estos zapatos grises? –No, no me gustan nada. No van bien con la camisa.
6. ¿____? –Son 135€.

4 DIE INDIREKTE REDE **Marta tiene visita de amigos de Alemania que no hablan español. Ella traduce para los chicos. Escribe sus frases en tu cuaderno.**

Preguntan Quieren saber	si… cuándo… dónde… cómo… por qué…	1. Können wir morgen alle zusammen in den Park gehen? 2. Wann treffen wir uns (*quedar*) morgen? Um 11:15 oder 11:45? 3. Kommt Manuel auch später zum Konzert mit? 4. Wie heißen Tareks Geschwister? 5. Warum lernt Lucía auch Deutsch?

5 IMPERATIV MIT PRONOMEN **Dilo más directamente y formula los imperativos como en el ejemplo.**

1. ¿Por qué no le explicas el problema a Julia? ¡Explícale el problema!
2. ¿Por qué no le escribes un e-mail a tu hermana? ____________
3. ¿Por qué no les das el juego a tus hermanos? ____________
4. ¿Por qué no te compras zapatos nuevos? ____________
5. ¿Por qué no me lees el mensaje? ____________
6. ¿Por qué no les mandas el enlace a tus amigos? ____________
7. ¿Por qué no nos explicas el ejercicio? ____________

6 **Un día normal. Describe un día escolar en la vida de Rafa.**

7:15 levantarse, ducharse
8:15 irse a la escuela
14:45 comer en casa
tarde quedar con amigos
después de cenar, leer un poco, ver la tele
8:00 desayunar
8:45-14:30 estar en clase
antes de hacer deporte, estudiar un poco
21:00 cenar con la familia
23:30 acostarse

____

7 **El día de Cintia. Completa el texto con la forma correcta de los verbos.**

Hola, yo ____________ (*ser*) Cintia y ____________ (*venir*) de Perú. En un día normal ____________ (*levantarse*) muy temprano y no ____________ (*poder*) quedarme en cama. Por la mañana ____________ (*tener* que) ayudar a mi madre y llevar a mis hermanitos a la escuela. ¡Ellos ____________ (*ser*) muy lentos! Siempre lo ____________ (*decir*), pero nunca me ____________ (*escuchar*). Luego ____________ (*apurarse*) para tomar el autobús. En la escuela ____________ (*poner*) mucha atención a las clases, porque por la tarde ____________ (*ayudar*) a mi madre en el campo. Después de la cena ____________ (*hacer*) mis deberes, ____________ (*ver*) televisión o ____________ (*jugar*) con mis hermanitos. Por la noche nunca ____________ (*salir*) con amigas y ____________ (*acostarse*) muy temprano, porque siempre ____________ (*estar*) muy cansada.

¡Vamos!

Comprensión lectora

1 **Un profesor que está de excursión en Madrid les explica el programa a sus estudiantes. Completa con los lugares.**

▶ Texto p. 70–71

El sábado visitamos ______________________. Allí podéis ver cuadros de Joan Miró y otros artistas famosos. Después vamos al ______________________. Podéis alquilar una bici o simplemente descansar un poco. A las cuatro de la tarde hay un tour por ______________________. Si no os interesa el fútbol, también podéis pasear por ______________________. Allí hay muchas tiendas bonitas. Por la noche vamos a comer tapas en ______________________. Pero atención, el domingo por la mañana a las 8:30 visitamos ______________________. Ya sé que es bastante temprano, pero es la mejor hora para ir allí y tampoco es muy caro. Después vamos al hotel.

La lengua

2 a VOCABULARIO **Completa el crucigrama.**

1▸ Para hacer un tour por la ciudad puedes alquilar una ~.
2▸ Un lugar donde juegan al fútbol o hay conciertos.
3▸ En una ciudad, un lugar perfecto para descansar y pasar un día tranquilo.
4▸ Un lugar[1] adonde vas cuando necesitas ropa, zapatos, etc.
5▸ Un lugar donde encuentras cosas bonitas por poco dinero.
6▸ Si tienes ganas de probar tapas y tomar algo, vas a este lugar.
7▸ ~ con amigos, ~ por la noche, ~ de casa.
8▸ ¡Madrid es esto!

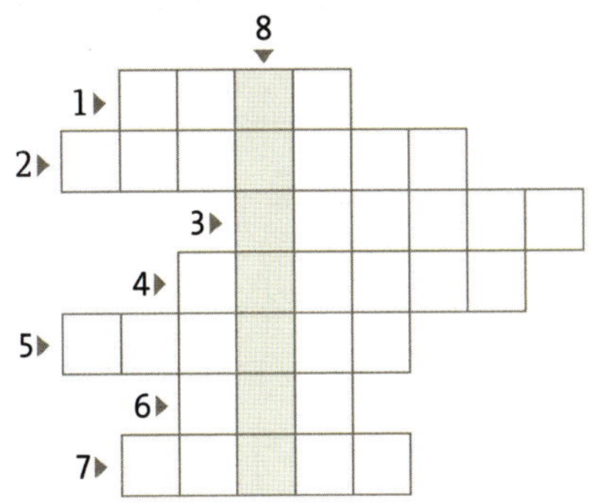

1 **el lugar** der Ort

b VOCABULARIO **¿Qué hacer en Madrid? Elige la palabra adecuada y completa el texto.**

descansar interesa alternativo encuentras arte visitar tapas alquilar cuadros pasear perfecto

¿Qué hacer en Madrid?

Fotolia / Sergii Figurnyi

Pues, si te gustan las ______________, tienes que visitar los bares del barrio de Malasaña. A mucha gente le gusta mucho el ambiente ______________ que hay allí. ¡Este barrio es ______________ para salir con amigos por la noche! Pero si prefieres pasar un día tranquilo, puedes ______________ una bici y ______________ por el Retiro, el parque más famoso de Madrid. Es perfecto para ______________. Y si te ______________ el ______________, tienes que ______________ uno de los museos más importantes de Madrid, el Reina Sofía. Allí siempre ______________ exposiciones interesantes con ______________ de artistas famosos.

5

3 DER REALE BEDINGUNGSSATZ DER GEGENWART **El guía da recomendaciones. Completa lo que dice con el imperativo.**

▶ Grammatik, 40

visitar el Museo Reina Sofía.
pasar un día tranquilo en el Retiro.
hacer un tour por los bares de Malasaña.
tener cuidado con la mochila.
visitar el estadio Santiago Bernabéu.
alquilar una bici para pasear por el parque.

1. Si no os gusta caminar, ______________________________

2. Si te interesa el fútbol, ______________________________

3. Si tienes ganas de ir de tapas, ______________________________

4. Si quieres descansar, ______________________________

5. Si os gustan los cuadros de Picasso, ______________________________

6. Si vas al Rastro, ______________________________

Comprensión auditiva

4 a **Escucha: ¿en qué lugar de Madrid están los turistas?** (20)

1. ______________________________ 3. ______________________________

2. ______________________________

b **Escucha otra vez. ¿Por qué sabes en qué lugar están? Apunta palabras clave.** (20)

1. ______________________________

2. ______________________________

3. ______________________________

A Buscar piso en Madrid

Comprensión lectora

1 Compara los dos barrios y las dos habitaciones según la información del texto. ▶ Texto, p. 73

El barrio de Chamberí	es	más/menos central que más/menos bonito que más/menos caro que	el barrio de Retiro.
La habitación de Chamberí	es	más/menos grande que más/menos barata que más/menos luminosa que mejor/peor que	la habitación de Retiro.
	está	más/menos lejos del centro que	

5

La lengua

2 DER KOMPARATIV **Un estudiante nos cuenta de los problemas para encontrar un piso en Madrid. Completa con el comparativo.** ▶ Grammatik, 41

«Para muchos estudiantes, encontrar una buena habitación en Madrid es __________ (+ difícil) para otra gente. Muchos prefieren vivir cerca de la universidad porque es __________ (+ práctico) vivir lejos.
El problema es que normalmente los pisos en el centro son __________ (− tranquilo) y __________ (+ caro) los pisos en otros barrios.
Además, las habitaciones exteriores a menudo son __________ (+ luminoso) las interiores, pero no son __________ (= tranquilo). Por eso hay estudiantes que prefieren vivir en casa de sus padres. No es __________ (= interesante) vivir en un piso compartido, pero es __________ (+ barato).»

Fotolia / ajr_images

3 DER KOMPARATIV **Compara los lugares turísticos de Madrid. Utiliza el comparativo.** ▶ Grammatik, 41

1. Las exposiciones del Museo Reina Sofía son ______________ (+ bueno) las de muchos otros museos.
2. El Parque del Buen Retiro es ______________ (+ bonito) muchos otros parques de la ciudad.
3. El ambiente del barrio de Malasaña es ______________ (+ alternativo) el ambiente de los barrios menos centrales.
4. El Estadio Vicente Calderón del Atlético de Madrid no es ______________ (= grande) el Estadio Santiago Bernabéu del Real Madrid.
5. Las tiendas de la Calle Fuencarral son ______________ (+ elegante) las de otros barrios centrales, pero también son ______________ (+ caro).
6. La Plaza Mayor de Madrid es muy bonita, pero es ______________ (– bonito) la de Salamanca.

Fotolia / andrii_lutsyk

shutterstock / VanHart

4 ORTSPRÄPOSITIONEN **Te mudas a otro piso. Un amigo te ayuda y te pregunta dónde poner tus cosas. Tú se lo explicas.**

la cama — el armario — el sofá — la lámpara — ~~el escritorio~~[1] — la silla — la alfombra[2] — la mesa — la estantería[3] — el ordenador — los libros

tu compañero	tú
¿Dónde pongo el escritorio?	Pon el escritorio debajo de la ventana[4].
¿Y dónde pongo la lámpara?	

1 el escritorio der Schreibtisch 2 la alfombra der Teppich 3 la estantería das Regal 4 la ventana das Fenster

Mediación

5 **Tu amigo quiere pasar tres meses en Madrid. Ayúdalo a encontrar una habitación y contesta sus preguntas.**

www.buscopisos.es

compartir de pisos en Madrid | Vista Alegre | BUSCAR

Precio desde 300€ | Precio hasta 400€ | Baños min 2 | m^2 min 40 | m^2 max 60

OFERTA Compartir piso en Madrid (MADRID)
Habitación libre desde del 01 de abril hasta el 31 de junio en piso de cuatro habitaciones. Compartido con 2 chicos y una chica. Amueblada con cama de 1 metro, mesita de noche, escritorio, armario y una estantería. La habitación es muy luminosa. El piso tiene lavadora, TV, microondas y terraza. Situado en zona tranquila, cerca del Metro Vista Alegre. Cerca hay un centro comercial, supermercados, un banco y tiendas. **Costes: 350 € / mes.**

OFERTA Compartir piso en Madrid (MADRID)
Hola. Alquilo una habitación por tres semanas durante mis vacaciones (16 de abril hasta el 05 de mayo). Ideal para gente joven, vacaciones, nuevos en la ciudad, mudanzas etc. En el piso viven dos personas (un hombre, 36, una chica 23). Tu habitación está amueblada con cama, escritorio, y armario. El piso está a 15 minutos del metro Oporto. Hay muchos bares y cafés cerca. Además, hay un parque para descansar.
Costes: 300 € / mes, internet se paga aparte.

Sind die Zimmer möbliert und welche Möbel sind in dem Zimmer?

Gibt es in der Nähe Einkaufsmöglichkeiten?

In welchem Zeitraum sind die Zimmer frei?

Sind die Wohnungen gut an den öffentlichen Nahverkehr angebunden?

Expresión oral

6 **Haced el tándem 1.** ▸ p. 99

Expresión escrita

7 **Juan, tu amigo español, tiene un perfil en una página web que ofrece hospedaje[1] gratis a viajeros jóvenes. Te gusta la idea y también publicas un perfil. Preséntate y describe tu habitación. ¿Dónde puede domir tu huésped[2] y dónde puede poner sus cosas? Escribe en tu cuaderno.**

www.hospedajegratis.es

Juan, 21

¡Hola chic@s!
Me llamo Juan y vivo en el barrio de Malasaña en Madrid. Aquí podemos ir de tapas y te puedo mostrar la ciudad. Si te quieres quedar en mi piso, aquí ves mi habitación: puedes dormir en mi cama que está al lado de mi armario. Si traes a un amigo, también podemos poner una colchoneta[3] entre la cama y la ventana. Puedes poner tus cosas en mi estantería (mientras estés aquí pongo los libros de la estantería debajo de mi cama). Claro que puedes usar las guías que están en la mesa. Y si tocas la guitarra como yo… tengo una encima del armario. ¡A tocar!
Saludos, Juan

1 el hospedaje die Unterkunft 2 el huésped der Gast 3 la colchoneta die Luftmatratze

B ¿Cómo llego a la oficina?

Comprensión auditiva

21 **1 Escucha la llamada telefónica una vez y explica la situación.**

Hablan tres personas: Soledad, la señora García y el señor López.

–¿Quién llama[1]? ________________

–¿A quién? ________________

–¿Cuál es el motivo[2] de la llamada? ________________

1 **llamar** anrufen
2 **el motivo** der Grund

21 **2 Escucha dos veces más.**

a Completa: ¿qué dicen las personas?

Fotolia / stokkete

–¿Diga?

–Buenos días, ¿________________ la señora García?

–Sí. ¿De parte de ________________?

–Del señor López, soy el jefe de ventas de la empresa Solylux.

–Un ________________, ahora se pone.

–¿Sí?

–Hola, señora García, ________________ Manuel López, de la empresa Solylux…

–Ah, sí, ________________ ________________, señor López…

b Elige las cuatro opciones correctas.

1. El señor López
   - ☐ está en su coche[1].
   - ☐ está en el metro.
   - ☐ está en la calle Alcalá.
2. La señora García propone[2] encontrarse en media hora
   - ☐ en una estación de metro por allí cerca.
   - ☐ en una cafetería.
   - ☐ en la calle Alcalá.
   - ☐ en la entrada de un banco.
3. No sabe cómo llegar a la oficina porque
   - ☐ su coche no funciona.
   - ☐ no sabe cómo usar el metro.
   - ☐ no tiene GPS.

1 **el coche** das Auto
2 **proponer** vorschlagen

c Completa la descripción del camino.

Para llegar a su cita con la señora García, el señor López tiene que coger la ________________ ________________ en dirección a «Cuatro Caminos» y bajarse en ________________. Sigue la calle de ________________ y coge la ________________ ________________ a la izquierda. Después coge la segunda calle ________________ ________________ ________________. Luego sigue todo recto y coge la ________________ ________________ a la izquierda. Sigue hasta llegar a una ________________. La cafetería está en la ________________ ________________ a la derecha.

La lengua

3 DAS DIREKTE OBJEKTPRONOMEN **Dos compañeras quedan para trabajar juntas. Completa con los pronombres directos.**

▶ Grammatik, 42

–Oye, ¿__________ puedes ayudar con los textos para el folleto? ¿__________ podemos escribir juntas?

–Claro que __________ puedo ayudar con los textos. ¿Por qué no quedamos mañana? ¿Qué tal a las ocho en mi casa?

Fotolia / Antonioguillem

–Vale. Pero… ¿dónde vives? ¿Me puedes explicar cómo llegar a tu casa?

–Claro. Vivo en la Calle de Valencia. ¿__________ conoces?

–No, no __________ conozco. Soy nueva en Madrid.

–Ah, sí… ¿Tienes un mapa del centro?

–Sí, claro. Aquí __________ tengo.

–Bueno, mira. Es muy fácil. Estamos aquí. ¿Ves esta calle?

__________ coges y vas hasta la plaza. __________ tienes que cruzar y luego tomas la primera calle a la derecha. Después sigues todo recto hasta el metro. Allí está…

–Espera, espera, no tan rápido, no __________ entiendo. ¿__________ puedes repetir, por favor?

–Claro. Tienes que ir todo recto hasta la estación de metro. Allí está mi casa. Es el número 18, vivo en el 4° B.

–Espera, __________ voy a apuntar en el móvil. El número 18, 4° B… vale.

–Venga, muy bien. ¿Entonces __________ vemos mañana a las ocho?

–Sí, ¡hasta mañana!

4 DAS DIREKTE OBJEKTPRONOMEN **Lili le hace muchas preguntas a su prima mayor, Lucía. Contesta las preguntas y sustituye la parte subrayada por un pronombre. Hay dos posibilidades.** ▶ Grammatik, 43

> Wenn ein Pronomen an ein *gerundio* angehängt wird, trägt das *gerundio* einen Akzent:
> *Lo estoy leyendo. → Estoy leyéndolo.*

1. ¿Dónde puedo cargar <u>mi móvil</u>? (en mi habitación).

____

____

2. ¿Quieres escribir <u>el e-mail</u> a tu tía hoy? (no, mañana)

____

____

3. ¿Dónde vas a comprar <u>un nuevo armario</u>? (en una tienda)

____

____

4. ¿Dónde está esperando mamá <u>a papá</u>? (en la estación de trenes)

____

____

5. ¿Cuándo vas a alquilar una bici en el Retiro? (esta tarde)

____

____

6. ¿No vas a llamar a tu abuelo? ¡Hoy es su cumpleaños! (ahora)

____

____

7. ¿Estás leyendo un mensaje de Salvador? –(sí)

____

____

5 La prima de Lucía está en Madrid y pregunta por el camino. Completa con el verbo correcto.

conocer *decir* *repetir* *seguir*

Lili: Disculpe, ¿usted ______________ el café «La Rosa»? Está cerca de la iglesia Santa María.

Señora: ¿Cómo ______________, «La Rosa»? No, lo siento, no lo ______________. Pero la iglesia está muy cerca. ______________ todo recto hasta el metro «Canal» y coge la tercera calle a la derecha. Después coges la segunda calle a la izquierda y encuentras la iglesia a mano izquierda.

Lili: Ok, ______________: ______________ todo recto, después cojo la tercera calle a la derecha y luego cojo la segunda a la izquierda. ¡Muchas gracias!

Expresión escrita

PF **6 Estás en un bar en Malasaña. Un amigo quiere venir también y te escribe. Contéstale y descríbele el camino al bar.**

Expresión oral

PF **7 Haced el tándem 2.** ▸ p. 99

C Mis sitios favoritos

Comprensión lectora

1 ¿En qué sitio de Madrid se encuentran las personas que dicen estas frases? ¿Por qué lo crees? ▶ Texto, p. 79

1. «Mira, también hay un proyecto de creación literaria. Empieza mañana. ¿Te interesa?»

   ____

2. «La vista es fenomenal. ¡Qué bonita es Madrid!»

   ____

3. «Te quiero mucho.»

   ____

4. «¡Una obra genial! Pero un poco corta, ¿no?»

   ____

   ____

5. «Uf… aquí hay tanta gente de otros países… ¡parece que todo el mundo está aquí!»

   ____

   ____

6. «No, gracias, los prefiero sin chocolate. A mí no me gusta el chocolate.»

   ____

   ____

7. «Hmmh, tienes que probar esta. ¡Está muy rica!»

   ____

   ____

La lengua

2 a DER SUPERLATIV **Utiliza el superlativo para describir estos lugares de Madrid (libro, p. 70–71).** ▶ Grammatik, 44

shutterstock/FedericoPhotos

mercado / famoso

Fotolia/MIGUEL GARCIA SAAVED

parque / bonito/-a

shutterstock/Lance Bellers

museo / interesante

shutterstock/Belyay

estadio / grande

shutterstock/funkyfrogstock

bares / bueno/-a

1. ______________________________
2. ______________________________
3. ______________________________
4. ______________________________
5. ______________________________

b Utiliza el superlativo y describe en tu cuaderno los mejores lugares en tu ciudad/región.

Para mí, el lugar más bonito de mi ciudad es…

5

3 DER ABSOLUTE SUPERLATIV **Lucía está en Sevilla para visitar a su padre. Lee su postal y pon los adjetivos en el superlativo absoluto.** ▶ Grammatik, 45

Hola Alejandro:

¿Qué tal estás?

Yo estoy desde hace tres días en Sevilla. ¡Para mí, es la ciudad más bonita de España! La gente es ______________________ (simpático/-a). El piso de mi padre está en un barrio ______________________ (chulo/-a), con una plaza muy romántica en el centro. La puedes ver en la postal. Hay también ______________________ (mucho/-a) turistas. Los bares de aquí son ______________________ (bueno/-a). ¡Y las tapas! Te digo que son ______________________ (rico/-a). Pero los precios... ¡uf!

Besos, Lucía

shutterstock / leoks

shutterstock / silky

Alejandro López Fernández
Calle del Espinar 23, 3°A
28025 Madrid

4 VOCABULARIO **Estás en una cafetería de Madrid y pides algo de comer y beber. Escribe un diálogo.**
▶ Palabrateca, p. 153

¿Me cobras, por favor? ¿Y para beber?
Son … euros con … céntimos. ¿Algo más?
Aquí tienes. ¿Qué te pongo?

____
____
____
____
____
____
____
____
____
____

Cafetería Vista Alegre

Bocadillos y ensaladillas:	
Bocadillo de queso	2,60 €
Bocadillo de jamón	2,60 €
Bocadillo de tortilla	2,80 €
Bocadillo de chorizo	2,80 €
Sándwich vegetariano	2,70 €
Cruasán de jamón y queso	3,60 €
Ensaladilla rusa	4,00 €
Bebidas frías	
Agua con/sin gas	2,00 €
Zumo de naranja	2,50 €
Bebidas calientes	
Chocolate	2,50 €
Café	2,00 €

Expresión escrita

PF **5** **Presenta tus tres sitios favoritos en tu ciudad o región en un blog. Puedes tomar el blog de Soledad como modelo (libro, p. 79). Escribe en tu cuaderno.**

Estas palabras te pueden ayudar para estructurar tu texto:
normalmente, cuando, además, por eso, sin embargo, aunque, mientras

Taller de lectura

Madrid

¿Vas a viajar a Madrid? Tanto si es un viaje de varios días como una escapada de fin de semana, seguro que tienes dudas sobre qué visitar, los precios de las distintas atracciones turísticas o cómo desplazarte. Conoce nuestra guía de Madrid, de viajeros para viajeros.
Si te gusta nuestra guía, no olvides agregarla a favoritos.

shutterstock / Sorin Colac

La Gran Vía, la imagen más famosa de Madrid

¿Por qué visitar Madrid?
Madrid es la capital de España así como la ciudad española que más visitantes atrae. Con más de 8 millones de visitantes en 2015, Madrid se sitúa entre una de las ciudades más populares de Europa.
El número de turistas de Madrid crece año tras año debido a una perfecta combinación de oferta cultural, monumental y de ocio.

¿Por dónde empezar?
Una vez que tengáis elegidas las fechas, lo más importante es determinar el cómo llegar, elegir el hotel y, finalmente, tener un primer contacto con el transporte público para saber cómo llegar a los puntos de interés.
Una vez estéis situados, ¿por qué no empezar conociendo la historia de Madrid?

Fotolia / SeanPavonePhoto

Las cuatro torres, el techo de Madrid

¿Aún no tienes hotel?
En HotelesBaratos.com podréis encontrar increíbles ofertas en hoteles de todas las categorías. Los descuentos pueden llegar hasta el 75 % y el mejor precio está garantizado.
Hoteles en Madrid – Reserva online con precio mínimo garantizado

La guía de Madrid más compleja
¡Queremos ser tu guía! Por eso te ofrecemos una guía de viajeros para viajeros, con un lenguaje claro y consejos personales que te ayudarán a ahorrar dinero y optimizar el escaso tiempo que se suele tener en vacaciones.

según www.disfrutamadrid.com

1 **Du planst eine Madridreise und bist auf dieses Internetportal gestoßen. Markiere im Text, wo folgende Informationen stehen. Zwei Informationen stehen nicht im Text!**

1. Wir organisieren auch Besichtigungen.
2. Jedes Jahr kommen mehr Touristen nach Madrid.
3. Die Unterkunft kann man online reservieren.
4. Das Portal wird von anderen Touristen organisiert.
5. Madrid ist die meist besuchte Stadt Spaniens.
6. Die Sehenswürdigkeiten erreicht man gut mit Bus.

2 **Fasse jeden Abschnitt in einem Satz auf Deutsch zusammen.**

5

¡Vamos!

Comprensión lectora

1 **Haz el cuestionario sobre la historia de Perú.** ▶ Texto, p. 82–83

1. Los incas vivieron en el territorio actual[1] de
- ☐ Ecuador, Colombia y Brasil.
- ☐ Perú, Bolivia y Chile.
- ☐ Argentina, Paraguay y Bolivia.

2. ¿Quién llegó a América en 1492?
- ☐ Atahualpa.
- ☐ Francisco Pizarro.
- ☐ Cristóbal Colón.

3. Los españoles terminaron la conquista de Perú
- ☐ en 1492.
- ☐ en 1821.
- ☐ en 1533.

4. Después, Perú pasó a ser
- ☐ un imperio indígena.
- ☐ una colonia española.
- ☐ una región independiente[2].

5. Perú logró la independencia de España
- ☐ hace 200 años.
- ☐ hace 2.000 años.
- ☐ hace más de 500 años.

6. Actualmente, Perú es conocido por
- ☐ su música indígena.
- ☐ sus platos especiales.
- ☐ su ambiente alternativo.

1 el territorio actual das heutige Gebiet
2 independiente unabhängig

La lengua

2 DESDE, DESDE HACE, HACE, EN **Cuenta la historia de Perú usando las preposiciones.** ▶ Grammatik, 49

1. Los indígenas viven ______________ más de 12.000 años en el territorio actual peruano.
2. El Imperio Inca terminó cuando los conquistadores mataron a Atahualpa ______________ 1533.
3. Perú logró la independencia de España ______________ 200 años.
4. ______________ 1821, la ciudad de Lima es la capital de Perú.
5. ______________ unos años, la cocina peruana es bastante conocida.

Comprensión auditiva

🎧 22 **3** a **Escucha y apunta los datos históricos.**

1. ______________ 2. ______________ 3. ______________

4. ______________ 5. ______________ 6. ______________

PF b **Cuenta la historia de México usando los datos de a.**

Hace ______________ años los primeros hombres llegaron al territorio actual de México. Desde ______________ ______________ hasta el siglo XVI, los aztecas[1] vivieron en esta región. En ______________ fundaron[2] la ciudad de Tenochtitlan, la capital de su imperio. En el año ______________ llegaron los primeros españoles y en ______________ el conquistador Hernán Cortés terminó la conquista del Imperio azteca. México pasó a ser una colonia española, pero en ______________ logró la independencia de España, así como el Perú. Hoy la ciudad de Tenochtitlan es conocida como «Ciudad de México» y es una de las ciudades más grandes del mundo.

1 los aztecas die Azteken 2 fundar gründen

A Un viaje por Perú

Comprensión lectora

1 Completa el texto sobre Perú con las palabras correspondientes. ▶ Texto, p. 84–85

alto altura animales antigua año capital colores construyeron desierto
dibujaron frutas histórico mercados mundo nacional restos turistas

La ________________ de Perú es Lima, una ciudad grandísima de casi 9 millones de habitantes. En los ________________ del centro hay ________________ y verduras que no conocemos en Europa y ¡más de 3000 tipos de patatas de muchas formas y ________________! El plato ________________ de Perú es el ceviche, un plato de pescado fresco, patatas y verduras.

Otro lugar conocido es Cuzco, una ciudad andina muy ________________. En el centro ________________ –que es muy bonito– todavía hay ________________ de la arquitectura inca, porque fueron los incas quienes fundaron la ciudad en el ________________ 1200. Se encuentra cerca de Machu Picchu, un lugar que los incas ________________ en el siglo XV a 2360 metros de ________________. Todavía hoy es un sitio muy conocido, porque las ruinas[1] de las casas y templos incas son espectaculares[2] y muchísimos ________________ las quieren visitar. En los Andes peruanos está también el Lago Titicaca, que a casi 4.000 metros de altura es el lago más ________________ del ________________.

En el ________________ de Nazca hay otro «superlativo» peruano, las famosas «líneas de Nazca». Hace 2000 años los indígenas ________________ allí casi 800 figuras de ________________ y otras formas grandísimas.

1 las ruinas die Überreste 2 espectacular spektakulär

La lengua

2 EL PRETÉRITO INDEFINIDO **Completa la tabla con la raíz[1] de un verbo correspondiente y con las formas de ir y ser.**
▶ Grammatik, 47, 48

abrir comprender coger fundar vivir comer escribir estudiar trabajar
lograr ganar viajar

	-ar		-er/-ir		ir/ser
[yo]	estudi	é	viv	í	________
[tú]	________	aste	________	iste	________
[él/ella]	________	ó	________	ió	________
[nosotros/-as]	________	amos	________	imos	________
[vosotros/-as]	________	asteis	________	isteis	________
[ellos/ellas]	________	aron	________	ieron	________

1 la raíz *hier:* der Verbstamm

3 EL PRETÉRITO INDEFINIDO **¿Qué escribe Alberto en su postal a Lorena? Usa los verbos en pretérito indefinido y formula sus frases.** ▶ Grammatik, 47, 48

1. *llegar* (yo) / hace dos semanas

____

2. Miguel / *llegar* unos días después

____

3. la primera semana / *quedarse* (yo) en casa de Enrique

____

4. el primer día / *visitar* (yo) el centro histórico

____

5. por la mañana / *comprar* (yo) frutas en el mercado de Lima

____

6. por la tarde / *descubrir* (yo) el Museo de la Nación

____

7. por la noche / *ir* (nosotros) a un restaurante y *probar* (yo) el ceviche

____

8. Miguel / *llegar* / el lunes pasado

____

9. Juntos / *viajar* (nosotros) a Cuzco

____

10. *subir* (nosotros) a pie hasta Machu Picchu

____

PF **4** EL PRETÉRITO INDEFINIDO **Completa las biografías de los conquistadores usando el pretérito indefinido.**

1. El 3 de agosto de 1492, tres barcos[1] _______________ (*salir*) de España y _______________ (*empezar*) su viaje a la India: la Pinta, la Niña y la Santa María. Dos meses más tarde, el 12 de octubre de 1492, Cristóbal Colón _______________ (*llegar*) a una isla del Caribe[2] que él _______________ (*llamar*) «San Salvador». En ese momento _______________ (*empezar*) la conquista de América.

Cristóbal Colón

2. Francisco Pizarro _______________ (*ser*) un hombre cruel[3]. En 1502 _______________ (*viajar*) a América y _______________ (*pasar*) un tiempo en la isla de «La Española». Entre 1519 y 1529 _______________ (*vivir*) en Panamá. En 1533 él y sus hombres _______________ (*conquistar*) el Imperio Inca y _______________ (*fundar*) la Ciudad de los Reyes, que hoy es conocida como Lima.

Francisco Pizarro

1 el barco das Schiff 2 la isla del caribe die Karibikinsel 3 cruel grausam

Expresión oral

5 **Haz el tándem.** ▸ p. 100

Expresión escrita

6 **Pasaste una semana muy interesante en Madrid. En el aeropuerto, antes de volver a casa, le escribes una postal a tu amiga española Nuria.**

ir a
visitar / *ver*…
descansar / *pasar* un día tranquilo…
alquilar una bici…
probar tapas / *tomar* algo / …
salir por la noche… / *salir* a bailar…

hace…
los primeros días
ayer
un día
primero… después

Hola Nuria:

____
____
____
____
____
____
____
____
____

Nuria Osma Castro
Calle Juan 28
10181 Sierra de Fuentes (Cáceres)

6

Comprensión auditiva

23

7 **Elena le cuenta a su amigo Polo de sus vacaciones en Perú. Escucha el diálogo dos veces y completa la tabla.**

	A	B	C
Primera audición: ¿Qué lugares visitó Elena en Perú?	________	________	________
Segunda audición: ¿Qué le pareció cada lugar?	Le pareció ________	________	________

B Un lago, dos países, otro mundo

Comprensión lectora

1 **Describe las fotos de la página 88 del libro con la información del texto.** ▶ Ein Bild beschreiben, p. 185

	Describe la foto: ¿Qué muestra[1]? ¿Qué hay?	Indica las líneas del texto que dan la información para comprender las fotos.
Foto 1: Los uros	______	______
Foto 2: Las islas flotantes	______	______
Foto 3: El Lago Titicaca	______	______

1 mostrar zeigen

La lengua

2 **a** EL PRETÉRITO INDEFINIDO **Completa la tabla con las formas del pretérito indefinido.** ▶ Grammatik, 47, 48

infinitivo	poder	tener	estar	poner	hacer	dar
[yo]	pude					
[tú]		tuviste				
[él/ella]			estuvo			
[nosotros/-as]				pusimos		
[vosotros/-as]					hicisteis	
[ellos/ellas]						dieron

b **¿De qué hablan los chicos en el recreo? Elige uno de los verbos de a y escribe la forma correspondiente.**

1. Oye, Manuel, ¿qué ______ en tus últimas vacaciones?
2. Y vosotros, ¿______ problemas con el examen ayer?
3. Estoy un poco cansado, lo siento. Es que anoche[1] no ______ dormir.
4. Ayer te esperé dos horas, pero no llegaste. ¿Dónde ______?
5. Ayer el profe de Matemáticas nos ______ las notas. ¡Tengo un notable!
6. El sábado pasado los chicos del instituto ______ una fiesta.

1 anoche gestern Nacht

3 EL PRETÉRITO INDEFINIDO Formula las preguntas que hicieron a Luciana cuando volvió a España. ▸ Grammatik, 47, 48

1. ¿_______________? –Pues… estuve allí tres meses.
2. ¿_______________? –No, sólo pasé tres días en Cuzco. Luego seguí al Lago Titicaca.
3. ¿_______________? –Sí, cuando llegué tuve problemas, pero me adapté.
4. ¿_______________? –¿El primer día? Pues, estuve bastante mal.
5. ¿_______________? –Sí, fui a Bolivia en bote. Fue un viaje largo… ¡pero genial!
6. ¿_______________? –Sí, me puse un poco nerviosa en el bote, pero fue una experiencia fenomenal.
7. ¿_______________? –Sí, claro, hice muchísimas fotos. ¡Si queréis verlas, tenéis que visitar mi exposición!

4 a EL PRETÉRITO INDEFINIDO Dos amigos españoles que estuvieron en Perú cuentan. Usa el pretérito indefinido.

▸ Grammatik, 47, 48

1

estar en Lima / *visitar* el centro histórico / *probar* el ceviche

2

tomar una avioneta / *ver* las líneas de Nazca / *ser* impresionante

3

hacer el Camino Inca a pie / *subir* a Machu Picchu / *valer* la pena

4

ir en tren al Lago Titicaca / *tener* problemas con la altura / *poner*se mal

5

volver[1] a Lima / *perder* el avión[2] / *tener* que esperar 19 horas

primero
la primera semana
un día
después
además
también

1 volver a zurückkehren nach
2 el avión das Flugzeug

Primero estuvimos en la capital, Lima. Allí...

____

____

____

____

____

____

b Basándote en los resultados de a, cuenta las experiencias de los amigos a un/una compañero/-a de clase.

Primero los dos estuvieron en la capital, Lima. Allí...

6

5 a VOCABULARIO **Explica las siguientes palabras en español.** ▶ Wörter umschreiben, S. 190

1. ein Tourist: ______
2. Sandalen: ______
3. ein Ausflug: ______
4. eine Ausstellung: ______
5. der Fußweg: ______

b Apunta para cada palabra un sustantivo, un verbo o un adjetivo correspondiente como en el ejemplo.
▶ Wörter erschließen, S. 189–190

1. el/la turista, el turismo — turístico/-a
2. la diferencia — ______
3. el dibujo — ______
4. el viajero, la viajera — ______
5. ______ — conquistar
6. ______ — escribir
7. la construcción — ______
8. el descubrimiento — ______
9. ______ — informar a alguien
10. la dificultad — ______

Expresión escrita

6 a EL PRETÉRITO INDEFINIDO **Apunta: ¿qué hizo Alfonso el sábado pasado?** ▶ Grammatik, 47, 48

1

2

3

4

5

6

______
______
______
______
______

b Alfonso te escribe un mensaje y te pregunta qué hiciste el fin de semana pasado. ¿Qué le contestas?

primero — después/luego/además — por la mañana/tarde/noche

______
______
______

Taller de lectura

7 CONSEJOS PARA VIAJAR A LA JUNGLA AMAZÓNICA

La jungla del Amazonas está repartida entre nueve países (Brasil, Perú, Colombia, Bolivia, Ecuador, Guyana, Venezuela, Surinam y Guayana Francesa) y es una de las regiones con mayor biodiversidad del mundo. Estos son algunos consejos para preparar tu viaje.

shutterstock/Fotos593

1 Equipaje adecuado
Vamos a la jungla, no a un hotel de cinco estrellas. Lo ideal es llevar una mochila y no una maleta, para que podamos caminar entre la jungla y por los pantanos[1]. ¡Las maletas con ruedas no son muy útiles para caminar por la jungla!

2 En la maleta
Es importante llevar ropa cómoda, preferiblemente de algodón[2] y con colores claros. Los tonos oscuros llaman la atención de los insectos. También es recomendable llevar camisas de manga larga para evitar las picaduras de insectos que pueden contagiar[3] enfermedades.

3 En el botiquín
Los analgésicos y los antihistamínicos son muy necesarios. Mucho sol y las picaduras de insectos pueden provocar dolores de cabeza y otros malestares[4]. Esenciales son, desde luego, el repelente de insectos y el bloqueador solar. ¡Y no olvides llevar sombrero!

4 En la cantimplora[5]
Mientras paseamos por la jungla es importante tomar siempre líquidos[6], pues el calor tropical hace que nos deshidratemos muy rápido. ¡Ten cuidado y toma siempre líquidos que están preparados con agua potable!

5 Contacto con los indígenas
Si visitas alguna comunidad indígena, es esencial respetar a sus habitantes. Antes de tomar una foto o de hacer un vídeo hay que preguntar. No recojas fauna o flora autóctona[7] y no lleves cosas que pueden contaminar[8].

6 Un guía preparado
Caminar por la jungla es difícil y puede ser peligroso. En muchas partes hay que abrirse paso con un machete y es muy fácil perderse. Si el camino no está bien señalizado es preferible ir con guías expertos.

7 Falta de electricidad
Puede ser que en algunos pueblos la electricidad se corte durante gran parte del día y/o de la noche. ¡Ten siempre a mano una linterna de viaje o una linterna de cabeza!

1 los pantanos die Sümpfe
2 el algodón die Baumwolle
3 contagiar anstecken
4 el malestar das Unwohlsein
5 la cantimplora die Feldflasche
6 los líquidos die Flüssigkeiten
7 autóctono/-a einheimisch
8 contaminar verseuchen, verschmutzen

PF **1** **Suche die folgenden Wörter im Text und erschließe sie mit Hilfe des Kontextes oder einer anderen Sprache.**
▶ Wörter erschließen, S. 189–190

las picaduras de insectos ______________________
el analgésico ______________________
el antihistamínico ______________________
el repelente de insectos ______________________
el bloqueador solar ______________________
deshidratemos ______________________
el agua potable ______________________
bien señalizado ______________________

ES/DE PF **2** **Du planst mit Freunden eine Reise an den Amazonas. Fasse jeden Ratschlag des Reiseführers in einem Satz auf Deutsch zusammen.** ▶ Sprachmittlung, S. 188

1 DER REALE BEDINGUNGSSATZ DER GEGENWART **¿Qué hacer en Madrid? Tus amigos te piden recomendaciones. Haz frases en condicional con imperativo.**

1. *querer* pasar / día romántico / *ir*

   Si queréis pasar un día romántico, id ________________ al Templo de Debod.

2. *interesar* / teatro / *salir*

   Si ________________ al «Microteatro por dinero».

3. *gustar* / churros / *desayunar*

   Si ________________ en la «Chocolatería San Ginés».

4. *ser* / creativos / *poner* atención

   Si ________________ a los proyectos culturales de «El Matadero».

5. *buscar* / mejor vista de Madrid / *visitar*

   Si ________________ el bar «Casa de Granada».

2 ORTSPRÄPOSITIONEN **¿Dónde están las cosas en la habitación de Carlitos? Mira la foto y completa el texto con las preposiciones de lugar.**

En la habitación de Carlitos hay una cama, un escritorio[1] y una estantería[2]. El escritorio está ________________ la ventana. ________________ el escritorio y la cama hay una silla. La estantería está ________________ el escritorio ________________ la pared[3]. ________________ de la cama hay un pantalón. Los zapatos están ________________ de la cama. Todo parece un poco caótico…

shutterstock / Room27

1 el escritorio der Schreibtisch   2 la estantería das Regal   3 la pared die Wand

3 DER KOMPARATIV **Marta le escribe a la madre de Soledad. Completa su e-mail con las formas del comparativo.**

es_mail | enviar | insertar | ortografía | opciones | cancelar

Hola, María:

¡Soledad está muy bien! Ahora vive en el piso de Chamberí con Gabriela, su nueva compañera de piso.

La habitación de Soledad es ________________ (+ pequeño/-a) y ________________ (– luminoso/-a) la de Gabriela, pero es ________________ (– ruidoso/-a) porque es interior. No es ________________ (= bonito/-a) su propia habitación, pero Soledad está contenta porque la ciudad de Madrid le gusta muchísimo. La vida allí le parece mucho ________________ (+ interesante) la vida en el pueblo. ¡Hay tanta gente! Además su habitación no es ________________ (= central) la de Retiro y para ella vivir lejos del centro es ________________ (+ bueno/-a) vivir cerca, porque prefiere un barrio tranquilo. ¡Es genial!

Un beso, Marta

4 DER SUPERLATIV **¿Cuáles son tus «superlativos»? Haz frases y compáralas con tus compañeros.**

1. asignatura – fácil: La asignatura más fácil para mí es Biología. ____
2. asignatura – difícil: ____
3. deporte – interesante: ____
4. lengua – fácil: ____
5. profesor/a – bueno/-a: ____
6. libro – divertido: ____
7. película – mala: ____
8. grupo de música – bueno: ____

5 DAS DIREKTE OBJEKTPRONOMEN **Lee las preguntas y respuestas y tacha lo que no convenga.**

1. ¿Conoces ya a **mi hermana / a mi hermano**? –No, no lo conozco todavía.
2. ¿Sabes dónde puedo comprar **ropa de moda / zapatos de cuero ecológico**? –Sí, creo que hay una tienda en el centro que los ofrece.
3. ¿Estás buscando **los textos / el folleto**? –Sí, lo necesito para el proyecto.
4. ¿Entonces tengo que seguir **esta calle / este camino**? –Sí, la tienes que seguir hasta el final. Ahí está la tienda que estás buscando.
5. ¿Vas a comprar **este cinturón / esta camiseta**? –Sí, creo que sí, pero hoy no llevo dinero. Voy a volver mañana para comprarla.

6 EL PRETÉRITO INDEFINIDO **Esteban te cuenta de su llegada a Madrid. Completa el texto con la forma correcta de los verbos en pretérito indefinido.**

Cuando ____ (*llegar*) a Madrid, lo primero que ____ (*hacer*) ____ (*ser*) buscar a mi amigo Jaime. ____ (*quedar*) con él en una cafetería, ____ (*poner*) mucha atención y él me ____ (*dar*) muy buenos consejos. El más importante ____ (*ser*) leer el blog de su amiga Soledad. Cuando ella ____ (*llegar*) por primera vez a Madrid, ____ (*escribir*) en ese blog sus primeros descubrimientos. Cuando yo ____ (*leer*) el blog, me ____ (*parecer*) genial. ____ (*seguir*) sus consejos y ____ (*poder*) descubrir los lugares más bonitos de la ciudad. ____ (*probar*) los churros con chocolate de la «Chocolatería San Ginés» y ____ (*ir*) también a «El Matadero». ¡Me ____ (*encantar*) los proyectos culturales de ese lugar! Claro que ____ (*visitar*) la Plaza Mayor y ____ (*comer*) tapas en el Mercado de San Miguel. Sus consejos ____ (*ser*) geniales. Sin embargo, nunca ____ (*conocer*) El Templo de Debod.

¡Vamos!

Comprensión lectora

1 ¿A qué se quieren dedicar los chicos y por qué? ▶ Texto, p. 100–101

	Quiere ser…	La profesión le interesa porque…	Tiene dudas[1] porque…
Manuel			
Lucía			
Federico			no hay información
Romina			no hay información
Merche			
Mariana			no hay información

1 la duda der Zweifel

La lengua

2 ACABAR DE **Nico le pregunta a su madre lo que hace su familia. Escribe frases como en el ejemplo.**

1

Lena

Nico: Mamá, ¿qué está haciendo Lena?

Madre: Pues, acaba de llegar del instituto, ahora está haciendo sus deberes y después va a quedar con una amiga.

2

Marta

Nico: ___

Madre: ___

___

3

Papá

Nico: ___

Madre: ___

___

4

Mamá

Nico: ___

Madre: ___

___

Expresión escrita

PF **3** **¿Y tú, a qué te quieres dedicar y por qué? Prepárate para una entrevista con un orientador laboral[1]. Escribe diez frases sobre tus intereses y tus dudas[2].**

No me gustaría Me gustaría Mi sueño es Quiero No quiero	• trabajar con niños • ser… • aprender la profesión de… • trabajar en una oficina • ser mi propio/-a jefe/-a • aprender una profesión tradicional • estudiar en la universidad • hacer una FP de… • …	• por eso • ya que • porque • pero • aunque	(no)	• es una profesión con futuro. • ganas poco dinero. • mis padres están de acuerdo. • es difícil encontrar trabajo. • me parece interesante. • tengo buenas notas en… • hay muchas discusiones en casa. • es la profesión ideal para mí. • me gusta/n… • me interesa/n… • me gusta trabajar solo/-a. • soy deportista, creativo/-a, … • … es/son mi vida. • …

1 **el orientador laboral** der Berufsberater
2 **la duda** der Zweifel

7

A ¿Qué quieres hacer después de la ESO?

Comprensión lectora

1 ¿Qué cuenta el orientador laboral? Contesta las preguntas. ▶ Texto, p. 103

1. ¿A qué se dedica un orientador laboral en un instituto español?

shutterstock / Robert Kneschke

-
-
-

2. ¿Qué opciones tienen los alumnos después de la ESO?

-
-
-

3. ¿Qué consejos les da a los alumnos que se quieren presentar a un puesto?

-

La lengua

2 VOCABULARIO **Completa las familias de palabras.** ▶ Wöter erschließen, S. 189–190

verbo	sustantivo	adjetivo u otro sustantivo
	la orientación	
		práctico/-a
		informativo/-a
educar		
		el/la jugador/a
		el/la viajero/-a
	el interés	

3 BUENO / MALO **Laura cuenta de su día a día en la ESO. Completa con una forma de bueno y malo.** ▶ Grammatik, 53

«Hola, soy Laura y estudio 4° de ESO en el Instituto Madrid Sur.
Es un ____________ 😊 instituto… vamos, digo yo.
Tengo una ____________ 😊 profesora en Matemáticas.
Se llama Carmen y es bastante estricta, pero sabe explicar muy bien. Por eso nunca saco ____________ 😠 notas en Mates. ¡Es mi punto fuerte! Pero escribir me resulta bastante difícil, y creo que tengo un ____________ 😠 profesor en Lengua. Es muy aburrido. Me cuesta poner atención en su clase. Pero para el próximo examen, voy a estudiar con una amiga que es muy ____________ 😊 en Lengua. ¡Así seguro que voy a sacar una ____________ 😊 nota!»

shutterstock / BestPhotoStudio

4 UNPERSÖNLICHE KONSTRUKTIONEN MIT SE **Completa los anuncios con el verbo correcto en la forma impersonal.**
▶ Grammatik, 51

vender[1] *buscar* *ofrecer* *pagar* *comprar* *necesitar*

1 vender verkaufen 2 el donante de sangre der Blutspender

5 MUCHOS / POCOS / ALGUNOS **¿Cuáles son las profesiones preferidas de los jóvenes españoles? Completa con una forma de mucho / poco / alguno.**

Los jóvenes españoles tienen __________ (+) ideas diferentes de qué hacer después de la ESO. __________ (+/−) quieren ser médicos. En esta profesión hay __________ (+) trabajo y __________ (−) paro. Por otro lado, a __________ (+) jóvenes les gusta trabajar como probador de videojuegos, aunque a __________ (−) padres les gusta esta idea. En general, __________ (+) profesiones populares como *Youtuber* y *Blogger* están relacionadas con el internet. También hay __________ (+/−) estudiantes que quieren ser abogados, pero eso significa tener __________ (+) exámenes y __________ (−) tiempo libre durante los estudios.

Comprensión auditiva

24 **6 a Escucha la entrevista de radio. ¿Cuál es el tema?**

____

shutterstock / ESB Professional

24 **b Escucha otra vez: ¿qué sabes de Mario, el invitado del programa?**

¿Cuántos años tiene? __________

¿Dónde vive? __________

¿Qué lenguas habla? __________

Hace una formación profesional de ☐ paisajista[1] ☐ enfermero[2] ☐ educador

1 el paisajista der Landschaftsgärtner 2 el enfermero der Krankenpfleger

c Compara el sistema de formación profesional con el sistema de Alemania.

En España	En Alemania
La formación profesional dura dos años.	La formación profesional dura normalmente __________.
Uno va año y medio al instituto y en los últimos seis meses se hacen prácticas.	Se combinan __________ con __________. Así uno puede adaptarse poco a poco a __________ __________.
Las prácticas no se pagan.	Uno tiene un contrato[1] y __________.

1 el contrato der Vertrag

24 **d Escucha una última vez: ¿qué le parece a Mario el sistema de formación profesional alemán? ¿Por qué?**

A Mario le parece __________ porque __________

____

____

Expresión oral

PF **7 Haced el tándem.** ▸ p. 101

B La vida laboral en España y Alemania

Comprensión lectora

1 Apunta las experiencias de Carla y Jan. ▶ Texto, p. 106

shutterstock/Monkey Business Images

	Carla García Morales	Jan Albers
¿Qué nacionalidad tiene?		
¿Dónde vive?		
¿Qué profesión tiene?		
¿Dónde trabaja?		
¿Por qué se fue al extranjero?		
¿Qué le sorprendió?		
¿Cómo es su horario laboral?		

La lengua

2 VOCABULARIO **Forma palabras compuestas y apúntalas con su significado alemán. A veces hay más de una posibilidad.**

sustantivos
el examen el horario el punto el tiempo
el uniforme la formación la experiencia
la carrera la jornada la vida

adjetivos
débil escolar final
fuerte laboral libre medio/-a
privado/-a profesional

Ejemplo: el examen final – die Abschlussprüfung

sustantivos
el bufete el estilo el número
el/la compañero/-a la carta la entrevista
la fuente la mecánica

sustantivos
el abogado el coche el ingreso
el teléfono el trabajo la clase
la presentación la vida

Ejemplo: la mecánica de coches – die Automechanik

7

Mediación

3 PERSONALPRONOMEN MIT PRÄPOSITION **Marta chatea con una amiga alemana. Después se lo cuenta a Lucía en español.**

▶ Grammatik, 52

grupo de chat

Emma: Hey! Hast du Lust mit uns ins Kino zu gehen?	Pregunta si tengo ganas de ir al cine con ellos.
Marta: Hi ☺. Wer geht denn mit dir mit?	Pregunto
Emma: Paul, Merche und Vega.	Dice que
Marta: Paul??? Der will sicher nicht mit mir weggehen und ich auch nicht mit ihm!	Digo que
Emma: Komm schon! Gibt es immer noch Stress zwischen dir und ihm?	Pregunta si
Marta: Ja. Aber für mich ist es kein Problem, wenn ihr ohne mich geht.	Digo que
Emma: Ok, schade! Aber das nächste Mal kommst du wieder mit uns mit!	Dice que
Marta: Na klar, :*	Digo que

Expresión escrita

4 **El profesor de tu clase de intercambio en Madrid os escribe y os ofrece hacer miniprácticas en Madrid. Contesta su e-mail.**

es_mail | enviar | insertar | ortografía | opciones | cancelar

Hola a tod@s:

Espero que paséis unas vacaciones bonitas. Los que todavía tienen tiempo, tienen la posibilidad de hacer unas miniprácticas de tres días aquí en Madrid. Nuestro instituto tiene una cooperación con tres empresas diferentes: una editorial, un taller de automóviles y un centro de salud[1]. En la editorial podéis apoyar a un lector en su trabajo: leer y corregir novelas de autores. En el taller de automóviles vais a conocer el funcionamiento de los elementos de un coche y podéis observar cómo repararlos. En el centro de salud podéis acompañar a los enfermeros[2] durante el cuidado de los pacientes y ayudar con el reparto de comidas. Si os interesa, por favor mandadme un e-mail en el que me explicáis qué práctica os gusta y por qué. También escribid vuestros puntos fuertes.

Un saludo,

Javier López Fernández

1 el centro de salud das Gesundheitszentrum
2 el/la enfermero/-a die Krankenschwester / der Krankenpfleger

Taller de lectura

Técnico en Aceites de Oliva y Vinos

¿Qué voy a aprender y hacer?
Con esta Formación Profesional de Grado Medio vas a aprender tareas relacionadas con la elaboración, producción y comercialización de aceites de oliva, vinos y otras bebidas. Entre otras cosas, vas a extraer aceite de oliva, vas a elaborar destilados y bebidas espirituosas y vas a observar en la práctica cómo se envasan, etiquetan y almacenan estos productos.

¿Cuáles son las salidas profesionales?
Como técnico en aceites de oliva y vinos, puedes trabajar de bodeguero, maestro de almazara y comercial de almazaras y bodegas. En otras palabras, estás capacitado para acompañar el proceso de elaboración de estos productos desde la recolección de materias primas hasta su venta y comercialización en tiendas especializadas.

Para más informaciones consulta: http://www.todofp.es/que-como-y-donde-estudiar/que-estudiar/familia/loe/industrias-alimentarias/aceites-oliva-vinos.html

Técnico en Vídeo Disc-Jockey y Sonido

¿Qué voy a aprender y hacer?
Con esta Formación Profesional de Grado Medio vas a aprender tareas relacionadas con la animación musical y visual de espectáculos públicos y también con la producción audiovisual para cine, radio, televisión y otros medios de comunicación. Entre otras cosas, vas a grabar, editar y preparar archivos musicales y visuales y vas a planificar y operar todos los elementos que complementan un espectáculo musical.

¿Cuáles son las salidas profesionales?
Como técnico en vídeo disc-jockey y sonido puedes trabajar de ayudante de sonido o microfonista en televisión, cine, radio, fiestas y conciertos. En otras palabras, estás capacitado para acompañar la planificación y realización de distintos espectáculos escénicos.

Para más informaciones consulta: http://www.todofp.es/que-como-y-donde-estudiar/que-estudiar/familia/loe/imagen-sonido/video-discjockey-sonido.html

1 Du möchtest eine Berufsausbildung in Spanien machen. Lies die beiden Anzeigen. Welche Ausbildung gefällt dir besser?

2 Was lernst du in der Ausbildung und wie sehen deine beruflichen Perspektiven aus? Unterstreiche die wichtigsten Punkte im Text.

3 Was bedeuten die folgenden Wörter. Kennst du ggf. Wörter ▶ Wörter erschließen, S. 189–190

– aus derselben Wortfamilie? Notiere die deutsche Bedeutung sowie ein Wort derselben Wortfamilie in dein Heft.

producción comercialización especializadas audiovisual archivo musical ayudante planificación realización

– aus dem Deutschen oder anderen Sprachen? Notiere die deutsche Bedeutung sowie die Entsprechung in einer anderen Sprache in dein Heft.

vino aceite de oliva destiladas observar proceso de elaboración recolección materias primas consulta editar medios de comunicación espectáculo

4 **Nutze nun für die Wörter, die du noch nicht verstanden hast, ein Wörterbuch.** ▶ Das wörterbuch benutzen, S. 192

a **Verbinde zunächst die Abkürzungen mit ihrer spanischen und deutschen Bedeutung.**

n	femenino	metaphorisch
f	verbo	Adjektiv
adj	masculino	Plural
fam	neutro	Umgangssprache
m	adjetivo	weiblich
pl	plural	männlich
v	lenguaje familiar	Verb
fig	figurativo	sächlich

b **Notiere für die folgenden Ausdrücke die Wortart und die deutsche Bedeutung, die sie im Text haben. Ergänze bei den Substantiven auch den bestimmten Artikel.**

medio (de comunicación) comercial maestro grabar público

____

____

____

____

____

medio I *m* 1 Mitte *f* 2 Mittel *n* (Hilfsmittel) ~ de transporte Transportmittel 3 Medium *n* ~ ambiente *f* Umwelt *f* II *adj* halb; Durchschnitts-

comercial I *adj* kommerziell, geschäftlich, Handels- centro ~ Einkaufszentrum *n* II *m/f* 1 Handelsvertreter(in) *m/f* 2 *m* Werbespot m

maestro I *adj* Meister-; Haupt-; meisterlich II *m/f* Lehrer(in) *m/f*, Meister *m/f*

grabar v/tr (en) 1 gravieren (in), einmeißeln 2 INFOR speichern 3 aufzeichnen, aufnehmen 4 einprägen

público I *m* Zuschauer *m/f*, Zuhörer *m/f*; Publikum *n* II *adj* öffentlich, bekannt, allgemein

5 **Was ist laut Text nicht Teil der beiden Ausbildungen bzw. der späteren Berufspraxis?**

1. a) ☐ die Herstellung alkoholhaltiger Getränke
   b) ☐ die Pflege von Olivenbäumen und Weinreben
   c) ☐ die Lagerung von Ölen und Weinen
   d) ☐ der Verkauf und die Vermarktung von Weinen und Olivenölen

2. a) ☐ Planung von Bühnenshows
   b) ☐ Tonassistenz u. a. in Kino Fernsehen und Radio
   c) ☐ Aufnahme von Musikarchiven
   d) ☐ Wartung von Aufnahmegeräten

ES DE **6** **Deine Eltern verstehen nicht, warum du in Spanien eine Ausbildung machen möchtest. Erkläre ihnen, worum es in der von dir gewählten Ausbildung geht und welche beruflichen Perspektiven du mit dieser Ausbildung hast.**
▶ Sprachmittlung, S. 188

¡Vamos!

Comprensión lectora

1 Completa el texto informativo sobre Andalucía con el vocabulario nuevo en las formas correctas. ▶ Texto, p. 110–111

cada | Andalucía | montaña *f.* | esquiar | energía solar *f.* | andaluz/a (3 x) | industria *f.*
sur *m.* | comunidad autónoma (2 x) *f.* | situado/-a | monumento *m.* | paisaje *m.* | exportar
flamenco *m.* | gazpacho *m.* | experto *m.* | economía *f.*

Cuando los alemanes piensan en España, muchas veces piensan en Mallorca o Barcelona. Sin embargo, para muchos, la región más típica de España es ______________. ¿Qué hay en esta ______________ y dónde está? Para empezar, es la ______________ más grande de España, ahí hay más de 8 millones de habitantes. Esto significa que uno de ______________ cinco españoles vive en Andalucía. Andalucía está cerca de África, es decir que está ______________ en el ______________ de España. Su ______________ es impresionante: playas y ______________. La Sierra Nevada, por ejemplo, es el lugar perfecto para ______________. Las ciudades ______________ están entre las ciudades más bonitas de España, por ejemplo la capital, Sevilla, o también Granada con la Alhambra. Es uno de los ______________ árabes más conocidos del mundo.
En Andalucía, el turismo es un factor muy importante para la ______________ andaluza, pero también el cultivo de la fruta que se ______________ a los países del Norte. Además los ______________ son ______________ en ______________.
Sin embargo no hay tanta ______________ como en otras regiones de España. Pero Andalucía tiene una vida cultural muy rica. De Andalucía vienen el ______________ y el ______________ y el artista famoso Pablo Picasso también fue ______________.

Expresión escrita

2 En tus vacaciones, pasas una semana en el mar del Norte y otra en Baviera, en casa de tus tíos. Le mandas dos fotos a tu amiga Mar de Madrid. Explícale qué se ve en las fotos. ▶ Ein Bild beschreiben, S. 185

Hola Mar:
De momento estoy pasando mis vacaciones de verano en Baviera
y estoy disfrutando del sol. Pasamos dos días en ______________

____

____

____

____

____

____

____

imago sportfotodienst/Jochen Tack

shutterstock/linerpics

Comprensión auditiva

3 **En un museo en España quieres escuchar la audioguía sobre la vida del artista Pablo Picasso.**

a ANTES DE ESCUCHAR **Para hablar de la vida de un artista, necesitas palabras como las siguientes. Imagina qué significan y escríbelas en alemán o en otro idioma.** ▶ Wörter erschließen, S. 189–190

el dibujo	______	la obra	______
el pintor	______	publicar	______
pintar	______	el retrato	______
la pintura	______	el poeta	______
la época	______	la inspiración	______
el periodo	______	la relación amorosa	______

25

b COMPRENSIÓN GLOBAL **Escucha, después elige los mejores títulos para el audio.**

action press/ Sipa Pressaction press

- ☐ Pablo Picasso y las mujeres[1]
- ☐ Pablo Picasso – una vida larga
- ☐ Pablo Picasso – un pintor casi francés
- ☐ Pablo Picasso y su familia numerosa

25

c COMPRENSIÓN DETALLADA **Escucha otra vez la audioguía y marca con una x las respuestas correctas. A veces más de una puede ser correcta.**

1. Pablo Picasso nació[2] en el siglo
   ☐ XVIII. ☐ XIX. ☐ XX.
2. Nació en
   ☐ La Coruña. ☐ Galicia.
   ☐ Málaga. ☐ Barcelona.
3. Su apellido completo es
   ☐ Ruz Picasso.
   ☐ Picasso Ruiz.
   ☐ Ruiz Picasso.
4. El padre de Pablo Picasso trabajó
   ☐ como profesor.
   ☐ en un museo.
   ☐ como pintor.
5. Dolores y Concepción son los nombres de
   ☐ los primeros cuadros de Picasso.
   ☐ sus hermanas.
   ☐ sus primas favoritas.

1 **la mujer** die Frau
2 **nació** er wurde geboren
3 **murió** sie starb
4 **firmar** *hier:* signieren
5 **pintó** er malte

6. En 1895 su familia fue a vivir a Cataluña porque
   ☐ su padre encontró trabajo en Barcelona.
   ☐ su hermana pequeña murió[3].
   ☐ Pablo tuvo su primera exposición allí.
   ☐ Pablo quiso estudiar en Barcelona.
7. A los 20 años Pablo decidió firmar[4] sus obras solo con el apellido Picasso porque
   ☐ es el apellido de su madre.
   ☐ porque así lo llamaron sus amigos catalanes.
   ☐ no quiso usar un apellido tan normal y español.
8. En París Pablo Picasso
   ☐ se hizo amigo de otros artistas.
   ☐ pasó mucho tiempo en bares.
   ☐ pintó[5] muchos cuadros.
   ☐ utilizó mucho el color azul al pintar.
9. Fernande es el nombre de
   ☐ una artista francesa.
   ☐ su primera novia.
   ☐ su primera mujer.
   ☐ una mujer que compró uno de sus cuadros.

25

d COMPRENSIÓN DETALLADA **Escucha otra vez y escribe la palabra correspondiente.**

la novia — el padre — el hijo[1] — la mujer — la hija[1] — la hermana — la madre

José es	______	Paloma es	______
María es	______	Olga es	______
Jaqueline es	______	Pablo es	______

1 **el/la hijo/-a** der Sohn / die Tochter

A El turismo antes y hoy

Comprensión lectora

1 Busca la información en el texto e indica las líneas. ▶ Texto, p. 113

1. ____________ Cada año millones de turistas visitan Andalucía.
2. ____________ Muchos andaluces viven del turismo.
3. ____________ A principios del siglo el gobierno andaluz se interesaba más por el dinero que por el paisaje.
4. ____________ Los grandes hoteles cerca de la costa pueden destruir el medio ambiente.
5. ____________ El turismo sostenible intenta cuidar el paisaje mejor que antes.
6. ____________ El turismo sostenible intenta usar menos agua.
7. ____________ El Señor García piensa que el turismo tradicional es una cosa del pasado.

La lengua

2 EL PRETÉRITO IMPERFECTO **Completa la tabla con las formas que faltan.** ▶ Grammatik, 54

infinitivo	presente	pretérito imperfecto
____________	llueve	____________
____________	____________	tomabais
____________	ayudamos	____________
____________	____________	construíamos
____________	me acuesto	____________
____________	lees	____________
____________	____________	pensabas
____________	veo	____________
____________	va	____________
____________	____________	escribíais
____________	se divierten	____________
____________	____________	ponía

3 EL PRETÉRITO IMPERFECTO **El señor García recuerda cómo era su pueblo en los años setenta. Completa el texto con los verbos en pretérito imperfecto.** ▶ Grammatik, 54

Cuando ____________ (*ser* / yo) pequeño, la vida en mi pueblo ____________ (*ser*) muy diferente. Casi no ____________ (*haber*) turistas en Andalucía, porque los alemanes e ingleses ____________ (*pasar*) sus vacaciones en otros países de Europa, como por ejemplo en Italia y Francia. Casi no ____________ (*haber*) tráfico, las calles ____________ (*estar*) libres y por eso la vida en mi pueblo ____________ (*ser*) mucho más tranquila que hoy. En la costa solo ____________ (*haber*) un hotel pequeño y en los pocos bares y restaurantes la gente no ____________ (*necesitar*) otras

8

lenguas que el español. En el hotel nadie ________________ (*saber*) hablar bien el inglés porque no se lo ________________ (*necesitar*) casi nunca. Ahora, durante los meses de verano, no sabes dónde dejar el coche, porque hay tantos turistas. Antes, en los años setenta, muy pocos españoles ________________ (*tener*) coche y la mayoría ________________ (*ir*) a pie. Casi no ________________ (*haber*) tráfico y por eso se ________________ (*poder*) llevar el coche hasta el centro. Hoy los coches están prohibidos[1] en el casco histórico[2]. En aquel entonces nadie ________________ (*pensar*) en el medio ambiente, porque no ________________ (*haber*) problemas ecológicos o en aquellos años no los ________________ (*ver* / nosotros). No ________________ (*reciclar* / nosotros) la basura y tampoco ________________ (*cambiar* / nosotros) nuestra ropa cada día, porque mucha gente todavía ________________ (*lavar*) su ropa a mano[3].

1 **estar prohibido** verboten sein 2 **el casco histórico** die Altstadt 3 **lavar a mano** mit der Hand waschen

4 EL PRETÉRITO IMPERFECTO **Hoy y antes. Usa las expresiones siguientes en pretérito imperfecto para terminar las frases.**

▶ Grammatik, 54

tener coche *cambiar* las toallas cada día *vivir* del turismo no *ahorrar* energía
pasar sus vacaciones en Italia *respetar* el paisaje *pensar* mucho en el medio ambiente
reciclar basura *usar* mucha agua *tener* un teléfono en casa

1. Hoy casi toda la gente tiene móviles, pero cuando mis padres eran jóvenes solo ________________.
2. Hoy muchos turistas alemanes vienen a Andalucía, pero en los años sesenta los alemanes ________________.
3. Hoy el tráfico es un problema en las costas en verano, pero antes no mucha gente ________________.
4. El turismo sostenible cuida mejor el paisaje, pero hace 40 años muy poca gente ________________.
5. Ahora usamos mucho la energía solar, pero antes la gente ________________.
6. Antes los grandes hoteles ________________ para regar[1], pero ahora ya no hay tantos campos de golf.
7. Antes muchos turistas ________________ porque no ________________, pero hoy la mayoría de los turistas utiliza sus toallas más de una vez.
8. En aquellos años muy pocos andaluces ________________ pero hoy el turismo es muy importante para la región.
9. Hoy es casi normal reciclar la basura pero en los años ochenta los andaluces todavía no ________________.

1 **regar** bewässern, gießen (Pflanzen)

5 VOCABULARIO **Apunta a la izquierda para cada palabra una de la misma familia y, a la derecha, el significado en alemán.** ▶ Wörter erschließen über Wortfamilien, S. 190

palabra de la misma familia	palabra desconocida	significado en alemán
	el saludo	
	el cambio	
	el jardín	
	gobernar	
	económico/-a	
	los ahorros	
	la decisión	
	el reciclaje	
	alimentar	
	la inmensidad	

Comprensión auditiva

shutterstock/Diego Cervo

6 **Radio Andalucía hace entrevistas en la calle. ¿Qué dice la gente mayor sobre la vida en su pueblo hace cincuenta años?**

26 **a** **Escucha y ordena las fotos.**

1 

imago stock&people/robert fischman

2 
shutterstock/Monkey Business Images

3 
Fotolia/Gerhard1302

4 
shutterstock/Alexander Raths

26 **b** **¿Qué dice la gente mayor? Toma apuntes debajo de las fotos.**

Expresión escrita

7 **La gente mayor siempre dice que antes la vida era mejor. ¿Qué piensas tú? Escribe un comentario personal.**
▶ Eine Stellungnahme verfassen, S. 185

B Una semana en Andalucía

Comprensión lectora

1 Marca con una cruz las opciones correctas. A veces más de una opción es correcta. ▶ Texto, p. 116

1. El hotel Andalucía Verde está
   - ☐ cerca de la playa.
   - ☐ en la Sierra Nevada.
   - ☐ en Cádiz.
2. No hay nadie en la recepción del hotel
   - ☐ después de las once de la noche.
   - ☐ a las seis de la mañana.
   - ☐ entre las 7 y las 11 de la noche.
3. El congreso duró
   - ☐ 3 días.
   - ☐ 4 días.
   - ☐ 5 días.
4. Durante el congreso
   - ☐ llovía siempre.
   - ☐ hacía mucho calor.
   - ☐ hacía un poco de frío.
5. Durante el congreso Julia y sus compañeros
   - ☐ alquilaron bicicletas.
   - ☐ alquilaron un coche.
   - ☐ desayunaban en el hotel.
   - ☐ cenaban juntos en el restaurante del hotel.

Comprensión auditiva

2 a Marca en el mapa las ocho provincias andaluzas.

27 **b ¿Qué tiempo va a hacer el sábado en la comunidad autónoma de Andalucía? Escucha el pronóstico y toma apuntes para cada provincia.**

____

____

____

____

3 Radio Andalucía hace una entrevista con Jonas, un alemán que está trabajando en un hotel en Ronda porque está haciendo una formación profesional en hostelería.

a ANTES DE ESCUCHAR **Completa la tabla.** ▶ Wörter erschließen, S. 189–190

palabra de la misma familia	palabra en otro idioma	palabra desconocida	significado en alemán
______	______	el/la recepcionista	______
______	______	aburrirse	______
______	______	el accidente	______
______	______	la cocina	______

28

b Escucha la entrevista entre radio Andalucía y Jonas, y termina las siguientes frases.

1. Jonas sabe hablar bien el español porque ______________________________
2. Jonas hace prácticas en Andalucía porque ______________________________
3. Jonas no necesita mucho porque ______________________________
4. Jonas trabaja en la recepción porque ______________________________
5. En su tiempo libre Jonas ______________________________

Expresión escrita

4 Haces prácticas en un hotel alemán en la costa del Norte. La semana que viene van a venir dos estudiantes españoles que también quieren hacer prácticas. Tu jefe te pide escribirles para darles un par de informaciones.

zur Zeit schlechtes Wetter, kalt, Regen

Wetter ändert sich schnell

passende Kleidung (Arbeit, Strand …)

Rezeption ist nur bis 11 Uhr abends besetzt: eventuell vorher anrufen!

Frühstück und Mittag: im Hotel (mit den Kollegen)

Arbeitszeit: jeden Tag von 9 bis 17 Uhr

____

Expresión oral

5 Haced el tándem. ▸ p. 102

La lengua

6 PRETÉRITO INDEFINIDO / PRETÉRITO IMPERFECTO **Marca la forma correcta del verbo.** ▸ Grammatik, 55, 56

Javier García trabaja en la recepción del hotel Andalucía Verde.

1. Ayer **fue / era** un día increíble: primero **llegó / llegaba** un grupo de clientes de Madrid para una conferencia importante.
2. Después **llegó / llegaba** un grupo de turistas alemanes con sus maletas y un montón de preguntas.
3. Entonces Javier **tuvo que / tenía que** contestar sus preguntas, mientras **habló / hablaba** por teléfono y **coordinó / coordinaba** a los empleados del hotel.
4. Cuando tuvo dos minutos de tiempo libre, lo **llamó / llamaba** la señora Mayoral: en la sala de conferencia **hizo / hacía** muchísimo calor y por eso no **pudieron / podían** trabajar.
5. Mientras la señora Mayoral **se quejó / se quejaba**, Javier la **escuchó / escuchaba**.
6. Resulta que el aire acondicionado no **funcionó / funcionaba**.
7. Javier **llamó / llamaba** al mecánico del hotel, pero ya que **fue / era** su día libre, el mecánico no **contestó / contestaba** el teléfono.

8. Después Javier **llamó / llamaba** a otros mecánicos en Cádiz, pero nadie **tuvo / tenía** tiempo.
9. Como la otra sala de conferencia tampoco **estaba / estuvo** libre, Javier no **supo / sabía** qué hacer y **llamó / llamaba** a su jefe.
10. Al final este **bajó / bajaba** el precio de la sala de conferencias, **ofreció / ofrecía** la otra sala para el día siguiente e **invitó / invitaba** a la señora Mayoral y sus compañeros a una cena.

7 **a** PRETÉRITO INDEFINIDO / PRETÉRITO IMPERFECTO **Completa el texto con la forma correcta del verbo.** ▶ Grammatik, 55, 56

El primer día de la conferencia, la señora Mayoral y sus compañeros no ____________ (*poder*) trabajar: el aire acondicionado no ____________ (*funcionar*) y ____________ (*hacer*) muchísimo calor en la sala de conferencias. La señora Mayoral ____________ (*quejarse*) del problema con Javier en la recepción, pero él no ____________ (*poder*) solucionar el problema. Al final el grupo ____________ (*decidir*) irse a la playa. Allí ____________ (*haber*) mucha gente, ____________ (*hacer*) más de 30 grados y toda la gente ____________ (*disfrutar*) del sol y ____________ (*nadar*) en el mar. A las siete de la tarde la señora Mayoral y sus compañeros ____________ (*volver*) al hotel, ____________ (*querer*) ducharse y cenar juntos. Pero, cuando ____________ (*entrar*) en el hotel, no ____________ (*haber*) nadie. ____________ (*llamar*) a Javier, pero nadie ____________ (*contestar*). Todos ____________ (*tener*) hambre y ____________ (*estar*) cansados…

De repente, el jefe del hotel ____________ (*entrar*) y ____________ (*decir*)…

b **Termina la historia con dos o tres frases.**

____

____

____

8 PRETÉRITO INDEFINIDO / PRETÉRITO IMPERFECTO **Completa el texto sobre Javier con la palabra correspondiente.**

antes   cuando   entonces   normalmente   siempre (2 x)   un día
cada domingo   muchas veces

1. ____________ Javier era pequeño, vivía en Madrid.
2. Hoy vive solo en Cádiz, pero ____________ vivía con sus padres y sus hermanos. ____________, no tenía buenas notas en el instituto, no le gustaba mucho estudiar.
3. Por la tarde, él y sus compañeros ____________ quedaban en la plaza, charlaban un rato o hacían planes para el futuro.
4. ____________ volvía a casa para cenar a las nueve o a las diez y ____________ no hacía sus deberes.
5. ____________ venían sus abuelos y pasaban el día con la familia y ____________ pasaban el verano en el pueblo con los abuelos.
6. Pero ____________, Javier decidió cambiar algo: empezó a estudiar y terminó el instituto con buenas notas. ¿Por qué? Pues…

Taller de lectura

Este viernes a las 19 horas, España en cine y teatro.

CINE

***El olivo* (2015), de Icíar Bollaín**

Alma tiene 20 años, es rebelde, impulsiva y vive en un pueblo cerca de Castellón. Hace doce años la familia vendió un olivo milenario[1] en contra de la voluntad[2] de su abuelo. Desde entonces el abuelo dejó de hablar y ahora ha decidido también dejar de comer. Para Alma, su abuelo es la persona más importante en el mundo y por ello se obsesiona con recuperar[3] ese olivo milenario. Según ella, esto es lo único que puede ayudar a su abuelo. Sin dinero, sin un plan y sin contarle la verdad a nadie, Alma emprende una misión[4] que parece imposible: recuperar el olivo, que ha sido replantado en algún lugar de Europa, y traerlo de regreso a los campos de la familia.
Con ternura y humor, esta película nos presenta un viaje que cambia para siempre la vida de Alma y también la nuestra.

Piffi Medien GmbH

Teatro

La casa de Bernarda Alba (1936), de Federico García Lorca

Tropa: Los errantes.
Después de la muerte de su segundo esposo[5], Bernarda Alba se encierra[6] en su casa y obliga a sus cinco hijas a respetar un estricto luto[7]: durante ocho años no pueden salir de casa. Angustias, que es la mayor y la única hija del primer esposo de Bernarda, hereda[8] un poco de dinero. Esto atrae a Pepe el Romano, un hombre del pueblo, que se compromete[9] con ella.
En secreto, sin embargo, Pepe enamora también a Adela, la hermana menor, quien acepta ser su amante. Este amor secreto es descubierto por Bernarda, lo que lleva a apasionadas discusiones que terminan incluso[10] en la muerte de una de las hijas...
Esta obra de Federico García Lorca nos presenta la trágica vida de las mujeres en los pueblos de España a principios del siglo 20, pero también la universalidad de las pasiones.

www.colorbox.de

1 **milenario** tausendjährig
2 **en contra de la voluntad** gegen den Willen
3 **recuperar** zurückgewinnen
4 **emprender una misión** sich auf eine Mission begeben
5 **el esposo** der Ehemann
6 **encerrarse** sich einsperren
7 **el luto** die Trauer
8 **heredar** erben
9 **comprometerse con alg.** sich verloben mit jdm.
10 **incluso** sogar

1 a Lee el texto sobre la película *El olivo* y marca las opciones correctas con una cruz.

- ☐ Almas Großvater hat einen sehr alten Olivenbaum verkauft.
- ☐ Für Alma ist ihr Großvater sehr wichtig.
- ☐ Der Großvater verkraftet den Verlust des Olivenbaums nicht.
- ☐ Alma hat das Leben im Dorf satt.
- ☐ Alma will den Olivenbaum ihres Großvaters zurückholen.
- ☐ Alma verreist gemeinsam mit ihrem Großvater.
- ☐ Der Großvater will nicht mehr essen.

b **Lee el texto sobre *La casa de Bernarda Alba* y marca las opciones correctas con una cruz. A veces más de una puede ser correcta.**

1. Bernarda Alba hat
   - ☐ fünf Töchter.
   - ☐ nur zwei Töchter.
   - ☐ zwei Töchter und einen Sohn.
2. Angustias ist
   - ☐ Bernardas älteste Tochter.
   - ☐ die Schwester von Adela.
   - ☐ die Schwester von Pepe.
3. Die Schwestern
   - ☐ dürfen acht Jahre lang das Haus nicht verlassen.
   - ☐ dürfen acht Jahre lang nicht heiraten.
   - ☐ müssen acht Jahre lang Trauerkleidung tragen.
4. Pepe el Romano
   - ☐ ist sehr wohlhabend.
   - ☐ ist nur am Geld von Angustias interessiert.
   - ☐ schuldet Bernarda Alba viel Geld.
5. Bernarda Alba war
   - ☐ einmal verheiratet.
   - ☐ zweimal verheiratet.
   - ☐ nie verheiratet.

2 **Marca con una cruz el resumen correcto y marca en los dos textos la información correspondiente:**

El olivo:

- ☐ Almas Großvater verkraftet den Verlust seines Olivenbaumes nicht und Alma begibt sich auf eine unmögliche Reise, um diesen Baum zurückzugewinnen.
- ☐ Almas Großvater will unbedingt seinen Olivenbaum wieder haben und schickt Alma auf eine lange Reise, um diesen Baum ins Dorf zurückzubringen.

La casa de Bernarda Alba:

- ☐ Bernarda Alba ist mit Pepe verheiratet und hat mit ihm zwei Töchter. Als er stirbt, dürfen sie acht Jahre lang das Haus nicht verlassen.
- ☐ Bernarda Alba ist Witwe und hat fünf Töchter. Pepe verlobt sich mit Angustias, der ältesten Tochter, ist aber eigentlich nur an ihrem Geld interessiert.

3 **El centro cultural español en tu ciudad organiza una noche de teatro y de cine. ¿Qué te gustaría ver? ¿La película o la obra de teatro? ¿Por qué no?** ► Eine Stellungnahme verfassen, S. 185

1 UNPERSÖNLICHE KONSTRUKTIONEN MIT SE **Un amigo de Perú quiere saber cómo son las FP Medias en España. Reescribe el texto usando se.**

es_mail | enviar | insertar | ortografía | opciones | cancelar

Para hacer una FP Media, los alumnos van un año y medio al instituto. Después realizan prácticas en una empresa y así conocen la vida laboral. En España, los empresarios no pagan las prácticas. Cuando los alumnos terminan los estudios, reciben el título de Técnico y pueden ir a trabajar o seguir un estudio de FP Superior.

Para hacer una FP Media, se va un año y medio al instituto. ____

____

____

____

____

____

2 VERKÜRZTE ADJEKTIVE **Completa las frases con una forma de bueno (b), malo (m) o grande (g) y termínalas con tus ideas.**

1. Un ____ (b) profesor sabe ____.
2. En una ____ (g) fiesta siempre hay ____.
3. Una ____ (g) ciudad ofrece ____.
4. Una ____ (b) carta de presentación es ____.
5. En mi opinión, «____» es una ____ (m) película.
6. Un ____ (m) trabajo, para mí, ____.

3 EL PRETÉRITO IMPERFECTO **Un anciano compara el pasado y el presente. Haz frases según el ejemplo.**

shutterstock / Ollyy

1. *jugar* en la calle – *jugar* a los videojuegos

   Antes jugábamos en la calle, hoy los jóvenes juegan a los videojuegos.

2. *compartir* habitación – *tener* una habitación propia

   ____

   ____

3. *ir* al cine – *ver* películas en internet

   ____

4. *hablar* los unos con los otros – *chatear* por el móvil

   ____

   ____

5. *escribir* cartas y postales – *escribir* mensajes

   ____

   ____

6. *escuchar* la radio – *usar* más el mp3

____

7. *acostar*se temprano – *salir* siempre con amigos

____

4 PRETÉRITO INDEFINIDO / PRETÉRITO IMPERFECTO **Carla (libro, p. 106) les escribe una carta a sus abuelos poco después de llegar a Düsseldorf. Completa el texto con los verbos en pretérito imperfecto o pretérito indefinido.**

Düsseldorf, 13/9/2014

Queridos abuelos:

Ayer, mientras ______________ (*ir* / yo) a mi trabajo, ______________ (*pensar* / yo) en vosotros. Yo estoy muy bien aquí en Düsseldorf y tengo nuevas noticias. La semana pasada ______________ (*presentarse* / *yo*) en una WG, como dicen aquí, un piso compartido, donde ______________ (*haber*) una habitación libre. Antes de la entrevista ______________ (*ponerse* / yo) muy nerviosa, porque el piso ______________ (*ser*) muy bonito y ______________ (*estar*) muy cerca de mi trabajo. Al final todo ______________ (*salir*) muy bien: ¡las dos chicas que ______________ (*vivir*) allí me ______________ (*aceptar*) como compañera de piso! Son muy majas y me invitan a todos lados. Ayer ______________ (*pasar* / nosotras) toda la tarde en la orilla[1] del Rín. El ambiente me ______________ (*gustar*) mucho, sobre todo porque ______________ (*hacer*) sol y la gente ______________ (*disfrutar*) de un Altbier (la cerveza local, ¡que es muy buena!) en las terrazas del río. ¡______________ (*Ser*) un día genial!

Besos y abrazos,

Carla

1 la orilla das Ufer

5 WETTER **¿Qué llevas en tu maleta? Completa el diálogo entre madre e hija con el tiempo que corresponda (libro, p. 116).**

Madre: ¿Y? ¿Ya tienes tu maleta? ¿Qué llevas?

Hija: Sí, ya la tengo. En agosto todavía ______________ . Por eso llevo blusas de manga corta, shorts y sandalias.

Madre: ¿Y no llevas un abrigo? ¿Y si por la noche ______________ o si algunos días ______________ ?

Hija: Mmm… Bueno, para esos días llevo camisas de manga larga y pantalones. ¡Pero un abrigo no! ¡Madre, en verano no ______________ !

Madre: ¡Yo sé que en verano no ______________ ! Pero a veces ______________  y ______________  mucho. Lleva entonces zapatos o botas. Ah… y no olvides una gorra, que en verano siempre ______________ .

Comprensión lectora

1 **¿A qué regla del decálogo se refieren las frases? Pon el número correcto detrás de cada una.** ▶ Texto, p. 126

1. Habe keine Angst davor, der zu sein, der du bist. ______
2. Lerne andere Personen erst kennen, bevor du über sie urteilst. ______
3. Vor dem Gesetz sind wir alle gleich, egal wie unterschiedlich wir sind. ______
4. Jeder hat seine Schwächen, auch du. ______
5. Diskriminierung kann jeden treffen, daher bekämpfe sie. ______
6. Respektiere andere Personen, damit sie auch dich respektieren. ______
7. Setze auf Gleichheit und Vielfalt. ______
8. Nimm Diskriminierung nicht einfach schweigend hin! ______
9. Wir alle sind Teil der Vielfalt, und darin liegt der Reichtum. ______
10. Indem wir miteinander reden, können wir Intoleranz besiegen. ______

La lengua

2 VERNEINTER IMPERATIV **En clase preparas un cartel con los imperativos de la diversidad según el ejemplo.**
▶ Grammatik, 60

Ejemplo: Recuerda que nadie es perfecto. (no olvidar) No olvides que nadie es perfecto.

1. Respeta a las demás personas. (no *discriminar*) ______
2. Evita los prejuicios. (no *tener*) ______
3. Combate la intolerancia. (no *aceptar*) ______
4. Disfruta las diferencias. (no *temer*) ______
5. Denuncia la discriminación. (no *tolerar*) ______
6. Apuesta por la diversidad. (no *rechazar*) ______

3 SUBJUNTIVO **En tu instituto hoy es el «día de la diversidad». Usa el subjuntivo y formula reglas.** ▶ Grammatik, 58, 59

Es	importante necesario fundamental	que	todos ______ (*seguir*) las normas. los profesores ______ (*aceptar*) que todos los alumnos son diferentes. los alumnos ______ (*saludar*) a los profesores en el pasillo. las notas ______ (*ser*) justas. los alumnos no ______ (*hablar*) mal de los profesores y que los profesores no ______ (*juzgar*) a los alumnos sin conocerlos.

4 SUBJUNTIVO **Subraya las expresiones que rigen el subjuntivo y pon el verbo en la forma correcta del subjuntivo.**
▶ Grammatik, 58, 59

1. Es importante que ______ (*ser*) tú mismo o tú misma.
2. No es bueno que la gente ______ (*callarse*) ante la discriminación.
3. No creo que ______ (*ganar*) la intolerancia.

4. Espero que todos ______________________ (*combatir*) la discriminación.
5. Me pone triste que algunas personas no ______________________ (*respetar*) a los demás.
6. Me gusta que ante la ley ______________________ (*ser* / nosotros) todos iguales.
7. Es necesario que ______________________ (*discutir* / vosotros) sobre prejuicios.

5 SUBJUNTIVO **Lucía va a pasar dos semanas en San Sebastián. ¿Qué le deseas?** ▸ Grammatik, 58, 59

divertirse *pasar* un tiempo genial
conocer gente simpática *aprender* algo de vasco
gustar la playa *mandar*me fotos

Fotolia / Dutourdumonde

Espero que te diviertas en tu viaje.

____

____

____

____

____

____

6 SUBJUNTIVO **¿Qué les dices a tus amigos en estas situaciones?** ▸ Grammatik, 58, 59

estudiar *dormir* *ser* *ir* *venir* *estar*

1. «Estoy súper cansado y no me puedo concentrar.»
   Es necesario que ______________________
2. «¿Mañana es el examen de Inglés?»
   No, no creo que ______________________
3. «Siempre saco malas notas en Inglés.»
   Es importante que ______________________
4. «No sé… ¿me quedo en casa o voy con vosotros al cine?»
   Prefiero que ______________________
5. «¡Qué bien! Al final sí puedo ir a tu fiesta hoy.»
   Me gusta que al final ______________________
6. «Perdón, no podemos quedar hoy, estoy enfermo.»
   Me pone triste que ______________________

Expresión escrita

7 **¿Crees que el cartel (libro, p. 126) tiene un efecto en la gente? ¿Por qué (no)? Escribe en tu cuaderno.**

pienso/creo que + *indicativo*
no pienso/creo que + *subjuntivo*

porque por eso aunque sin embargo
además ni… ni pero

La lengua

1 CONDICIONAL **¿Qué es el comercio justo? Completa con el condicional según la información del texto.** ▶ Texto, p. 128; Grammatik, 61

destinar *existir* *ser* (2 x) *funcionar* *pagar* *recibir* *respetar*

¿Cómo sería un mundo con comercio justo? Pues, en este mundo, todos los trabajadores ______ un salario digno. No ______ ningún tipo de explotación laboral. Los patrones[1] ______ la identidad cultural de los trabajadores, les ______ a todos el mismo sueldo por la misma tarea y ______ parte de los beneficios a proyectos de desarrollo. Todas las organizaciones ______ de manera democrática. En este mundo, la protección del medio ambiente ______ fundamental y todos los productos ______ de gran calidad.

1 **el patrón** der Arbeitgeber

2 CONDICIONAL **¿Qué harías tú como turista responsable durante un viaje? ¿Cómo te comportarías?** ▶ Grammatik, 61

comprar productos de la región *hacer* excursiones[1] a pie
consumir platos locales *comunicarse* en el idioma nacional
poner muy poco el aire condicionado en el hotel ~~*evitar* el coche~~
usar el transporte público *hablar* con la gente para conocerla
informarse de las costumbres locales *ir* en bicicleta
no *ducharse* todos los días *ser* respetuoso/-a con el medio ambiente
tener cuidado de no dejar la basura por todos lados

Fotolia/anatoliy_gleb

Yo, como turista responsable, evitaría el coche. Además... ______

1 **la excursión** der Ausflug

______
______
______
______
______
______
______
______

3 CONDICIONAL **Seguro que hay cosas que nunca harías en tu vida. Da ejemplos.** ▶ Grammatik, 61

Yo nunca haría bungee. Además nunca... ______

______
______
______
______
______

shutterstock/JRP Studio

4 CONDICIONAL **Imagina que naces de nuevo. Inventa una nueva biografía y utiliza el condicional.** ▶ Grammatik, 61

¿Serías chico o chica? ¿Cómo te llamarías? ¿De dónde serías? ¿Dónde vivirías? ¿En qué trabajarías?

5 CONDICIONAL **¿Qué harías...? Contesta las preguntas con un condicional. Puedes usar un diccionario.** ▶ Grammatik, 61

1. … con 2000 mil euros de regalo?
2. … con una máquina de tiempo?
3. … con un vale[1] para un viaje?
4. … con un monedero[2] que encontraste en la calle?
5. … en una cita con una persona muy aburrida.
6. … con cinco meses de vacaciones?

1 el vale der Gutschein 2 el monedero der Portemonee

6 CONDICIONAL **Dales consejos a tus amigos. Utiliza las expresiones de la caja.** ▶ Grammatik, 61

Fotolia / thodonal

pues, yo yo que tú yo en tu lugar

1. «Nunca encuentro mis cosas. Mi habitación es un desastre.»
2. «Siempre pierdo el autobús en la mañana.»
3. «Nunca tengo suficiente dinero.»
4. «Creo que mi hermana está molesta[1] conmigo.»
5. «No entiendo nada en Mates.»

1 molesto/-a wütend

Comprensión lectora

1 Marca las siete respuestas correctas. ▶ Texto, p. 130

1. Después de la entrevista de trabajo con la empresa alemana, Javi
   - ☐ queda con Blanca para tomar un café.
   - ☐ va a casa de Blanca.
   - ☐ le envía un mensaje a Blanca.
2. A Blanca le gustaría hablar de su futuro, pero Javi cree que
   - ☐ no le van a dar el trabajo en Alemania.
   - ☐ no pueden hablar tranquilos.
   - ☐ todavía no vale la pena discutirlo.
3. Blanca está desesperada porque
   - ☐ no se puede imaginar ir a Alemania y estar lejos de su familia.
   - ☐ cree que no va a encontrar trabajo como periodista en Alemania.
   - ☐ tiene miedo de aprender el alemán.
4. Javi opina que la situación en España es muy difícil porque
   - ☐ las prácticas no se pagan.
   - ☐ muchos jóvenes se van a otro país.
   - ☐ muchos jóvenes no pueden independizarse de sus padres.
5. De repente suena el móvil de Javi. Son los alemanes que
   - ☐ le ofrecen el trabajo a Javi.
   - ☐ le dicen que van a necesitar tres días para la decisión.
   - ☐ le explican que no va a conseguir trabajo en Alemania.

La lengua

2 FUTUR Javi tiene que tomar su decisión. ¿Qué piensa Blanca? Haz suposiciones y usa el futuro. ▶ Grammatik, 62

adaptarse al clima ≠ *sufrir* el clima   *pensar* en mí ≠ *olvidarme* pronto   *irse* a Alemania ≠ *quedarse* aquí

saber alemán pronto ≠ *tener* problemas con la lengua   ~~*aceptar* ≠ *rechazar* el trabajo~~

venir a verme una vez al mes ≠ *volver* solo para Navidades

¿Aceptará el trabajo o lo rechazará? ______________________

____

____

____

____

____

____

Expresión escrita

3 FUTUR ¿Cómo se imagina Javi el futuro con Blanca? Apunta sus pensamientos en forma de monólogo interior en tu cuaderno. Usa el futuro simple. ▶ Grammatik, 62

casarse[1]   *tener* hijos   *hacer* amigos nuevos   *recibir* un buen sueldo
conocer otra cultura   *poder* vivir en una casa propia   *ser* feliz
pasar las vacaciones en España   ¿*querer* volver a España?

«Todo saldrá bien. Blanca y yo... ______________________

1 casarse heiraten

4 FUTUR **Dos amigas hablan sobre los planes de Blanca y Javi. Completa con el verbo correcto en futuro.**
► Grammatik, 62

alquilar *conocer* *pasar* *trabajar* *aprender* *buscar* *ir* (2 x) *visitar* *vivir* (2 x) *tener* que

María: ¿Ya lo sabías? Blanca y Javi ______________ a Alemania.

Laura: ¡Sííí! Javi ______________ en una empresa alemana y Blanca ______________ prácticas allí.

María: ¡Vaya! ______________ mucho alemán y ______________ a gente nueva. Van a Berlín, ¿no?

Laura: Sí, a Berlín. ¿Sabes tú si ______________ juntos allí?

María: Al principio Javi ______________ con un amigo y Blanca también, pero después ______________ un piso los dos.

Laura: ¡Mola muchísimo! ¡Pero ______________ venir a España en verano para vernos!

María: ¡Claro! Y si no, yo los ______________ en Alemania y ______________ mis vacaciones en Berlín. ¿Ana y tú ______________ conmigo?

5 FUTUR **Completa el crucigrama con las formas correspondientes del futuro.** ► Grammatik, 62

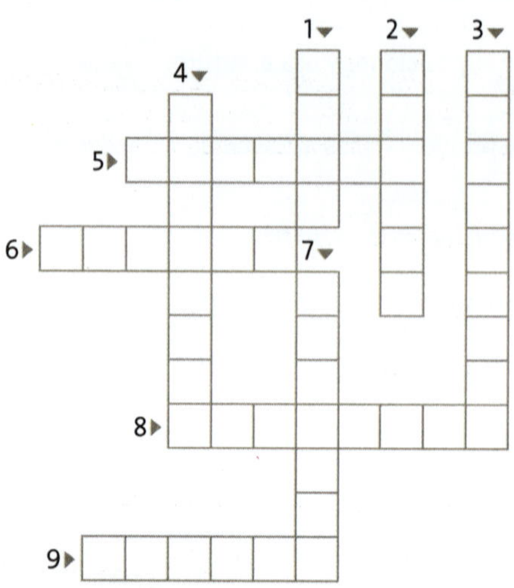

Waagerecht: ►
5 ponen
6 sabes
8 salisteis
9 decíais

Senkrecht: ▼
1 hice
2 viene
3 queremos
4 pudimos
7 tuviste

shutterstock/Danila Shtantsov

6 FUTUR **¿Cómo será el mundo en el año 2150? Formula frases con el futuro.** ► Grammatik, 62

(no) *haber* tiendas *hacer* más calor *usar* más/menos bicicletas
(todos/nadie) *reciclar* la basura *gastar* (más/menos) energía que hoy *tomar* clases en internet
(no) *haber* ciudades verdes no *ir* al colegio (no) *comer* solo pastillas[1]

____

____

____

____

1 la pastilla die Tablette

Expresión escrita

7 **¿Y cómo ves tu futuro en 20 años? Escríbelo en tu cuaderno.**

La lengua

1 VOCABULARIO **Completa la descripción de los dibujos de la p. 132 del libro con las expresiones de la casilla.** ▶ Texto, 132

en la parte derecha | de tamaño[1] enorme | caricatura[2] | se pueden ver | figura | caricaturista[3] | muestra | se encuentra | representan | el suelo[4] | en bocadillos[5] | lleva como título

Los dos dibujos ______________ una ______________. El primer dibujo ______________ «Lo que esperas». En él ______________ un móvil con rasgos humanos[6] y un hombre. El hombre está ______________ del dibujo y el móvil ______________ a la izquierda. La ______________ del hombre es bastante grande, mientras que el móvil es pequeño. El hombre ha puesto mala cara[7] y le da órdenes[8] al móvil, escritas ______________, p. e. «¡Clasifica mi correo!» y «¡Envíale esta foto a Cata!». El móvil, sumiso[9], contesta «S-s-sí, mi amo».

El segundo dibujo ______________ «La realidad», según el ______________. Ahora el móvil es ______________. Es mucho más grande que el hombre, que está en ______________, inclinándose ante el aparato y diciendo «S-s-sí, mi amo». El móvil le da órdenes del tipo «¡Cárgame!» y «¡Encuéntrame acceso al WIFI!».

1 **el tamaño** die Größe
2 **la caricatura** die Karikatur
3 **el caricaturista** der Karikaturist
4 **el suelo** der Boden
5 **el bocadillo** *hier:* die Sprechblase
6 **el rasgo humano** der menschliche Zug
7 **poner mala cara** ein böses Gesicht machen
8 **la orden** der Befehl
9 **sumiso** unterwürfig

2 a EL PRETÉRITO PERFECTO **Forma el pretérito perfecto de los verbos indicados.** ▶ Grammatik, 63

usar (yo) ______________
tener (ella) ______________
ver (vosotras) ______________
decir (yo) ______________
volver[1] (él) ______________
recibir (tú) ______________
abrir (nosotros) ______________
escribir (ellos) ______________
hacer (tú) ______________
poner (nosotras) ______________

1 **volver** zurückkommen

b Formula una frase con cada verbo de 2a en pretérito perfecto y usa las palabras de abajo.

ordenador | mensaje | examen | tele | puerta | texto | deberes | casa | mesa | secreto

____
____
____
____
____
____
____
____

3 EL PRETÉRITO PERFECTO **Marta ha salido de casa sin ver a sus padres ni a su hermano Nico. Por eso les ha dejado mensajes. ¿Qué ha escrito? Completa con el pretérito perfecto.** ▶ Grammatik, 63

Hola papá, ______ (salir / yo) con Lucía y sus primos. ______ (venir / ellos) de Sevilla. Todavía no ______ (comprar / yo) agua. Es que no ______ (tener) tiempo. ¡Lo siento! Otra cosa: ______ (llamar) tía Lisa de Múnich. Llámala luego, porfa.

Nico, ______ (encontrar / yo) tu móvil debajo del sofá. ______ (recibir / tú) muchos mensajes, pero claro, todavía no los ______ (leer / tú). Oye, todavía no ______ (ir / yo) al supermercado por el agua, ¿lo haces tú, x fa? Lucía y yo ______ (quedar) con sus primos en el Retiro, ¿quieres ir?

4 EL PRETÉRITO PERFECTO **Reformula las órdenes del móvil (libro, p. 132) como en el ejemplo. Utiliza el pretérito perfecto.** ▶ Grammatik, 63

¿Ya me has cargado?

______

______

______

______

Fotolia / Jane

5 EL PRETÉRITO PERFECTO **¿Qué (no) han hecho los chicos? Formula frases.** ▶ Grammatik, 63

1. Alejandro / una tortilla / *preparar* / hoy

   ______

2. Lucía / para el examen de Alemán / *estudiar* / todavía no

   ______

3. Nico / *hacer* / ya / deberes

   ______

4. Tarek / tres veces / *ir* / esta semana / al gimnasio

   ______

6 EL PRETÉRITO PERFECTO **¿Qué has hecho ya y qué todavía no? Apunta por lo menos cinco actividades. Escribe en tu cuaderno.** ▶ Grammatik, 63

hoy esta mañana esta tarde esta noche ya todavía no

ir al instituto en autobús quedar con un amigo desayunar jugar al fútbol leer revistas ver la tele ir a un concierto hacer deporte tocar un instrumento echar una mano a mis padres estudiar para un examen preparar la comida escribir mensajes ponerse su ropa nueva

Esta mañana he ido al instituto en autobús, pero todavía no he visto la tele.

Tándem Unidad 1

Estás de intercambio en Madrid. En la biblioteca del instituto, conoces a Laura y charlas con ella. | Du bist auf einem Schüleraustausch in Madrid. In der Schulbibliothek lernst du Laura kennen und unterhältst dich mit ihr.

Laura	tú
Du begrüßt dein Gegenüber.	Hola. / Buenos días.
Hola. / Buenos días. ¿Cómo te llamas? / ¿Quién eres?	Du erwiderst den Gruß und fragst nach dem Namen.
Du sagst, dass du Laura heißt und fragst ebenfalls nach dem Namen.	Soy / Me llamo Laura. ¿Y tú, cómo te llamas / quién eres?
(Yo) me llamo / soy [...].	Du nennst deinen Namen.
Sehr erfreut! Du fragst dein Gegenüber, wie es ihm/ihr geht.	Mucho gusto. / Encantada. ¿Qué tal? / ¿Cómo estás?
Bien, gracias. ¿Y tú? ¿Qué tal? / ¿Cómo estás?	Du sagst, es gehe dir gut und bedankst dich. Dann fragst du Laura, wie es ihr geht.
Du sagst, es gehe dir auch gut, danke.	Bien también, gracias.
¿De dónde eres?	Du fragst Laura, woher sie komme.
Du sagst, du seist von hier, aus Madrid. Du gehst auch hier in Madrid zur Schule. Dann fragst du dein Gegenüber, woher er/sie sei.	Soy de aquí, de Madrid. También estudio aquí (en Madrid). ¿Y tú, de dónde eres?
Soy de Alemania. Vivo en [...].	Du sagst, du seist aus Deutschland und wohnst in [...].
Du fragst, ob er/sie noch zur Schule gehe.	¿Estudias todavía (en el instituto)?
Sí, estudio todavía (en el instituto).	Du sagst ja, du gehst noch zur Schule.
Du fragst dein Gegenüber, ob er/sie Spanisch in der Schule lernt.	¿Estudias/Aprendes español en el instituto?
Sí, estudio/aprendo español en el instituto. Oye, Laura, ¿por qué no quedamos mañana y tomamos un café?	Du antwortest ja, du lernst Spanisch in der Schule. Dann schlägst du Laura vor (*Oye, Laura, ¿por qué no...?*), dass ihr euch morgen trefft und einen Kaffee trinkt.
Du findest, das sei eine gute Idee.	¡Buena idea!
¿Cuál es tu número de teléfono?	Du fragst Laura nach ihrer Handynummer.
Du nennst deine Handynummer: 6-0-2-7-5-5-3-9-0.	(Mi número / Mi teléfono / Mi móvil) es el seis – cero – dos – siete – cinco – cinco – tres – nueve – cero.
Perfecto. ¡Hasta mañana!	Perfekt! Bis morgen!
Bis morgen!	¡Hasta mañana!

Tándem Unidad 2

Estás en Vista Alegre y tu amigo/-a español/a te llama por móvil. |
Du bist in Vista Alegre und dein/e Freund/in ruft dich auf dem Handy an.

Mit diesem Tandem übt ihr die Adjektive und das Verb *estar*.

A = tu amigo/-a español/a	B = tú
Du begrüßt deine/n Freund/in und fragst, wo er gerade ist.	¡Hola! ¿Dónde **estás**?
Estoy en el parque.	Du sagst, dass du gerade im Park bist.
Du willst wissen, was er/sie im Park macht.	¿Qué haces en el parque?
Aquí (en el parque) hay un taller de slackline.	Du sagst, dass hier im Park ein Slackline Workshop stattfindet.
Du willst wissen, ob der Workshop interessant ist.	¿Es interesante?
Sí, (bastante). ¿Y tú? ¿Qué haces? / ¿Dónde **estás**?	Du bejahst und willst auch wissen, was er/sie gerade macht bzw. wo er/sie sich gerade befindet.
Du sagst, dass Du gerade in der Bibliothek bist und es dort eine Buchvorstellung gibt, die aber sehr langweilig ist.	**Estoy** en la biblioteca. Hay una presentación de libro pero es muy **aburrida**.
¿Por qué no quedamos?	Du schlägst vor, dass ihr euch verabreden könnt.
Du drückst Begeisterung aus und schlägst die neue Eisdiele vor. Du fügst hinzu, dass ein Eis heute nur einen Euro kostet.	¡Buena idea! / ¡Genial! / ¡Muy bien! ¿Qué tal la heladería **nueva**? / ¿Por qué no quedamos en la heladería nueva? (Hoy) un helado solo cuesta un euro.
¿Pero dónde **está**?	Du fragst, wo sich die Eisdiele befindet.
Du erklärst, dass sie sich in der Nähe des Sportzentrums und neben dem Platz Eugenia befindet.	**Está** cerca del polideportivo y al lado de la plaza Eugenia.
(Entonces) quedamos en la heladería ahora, ¿vale?	Du schlägst vor, dass ihr euch folglich in der Eisdiele trefft und fragst, ob sie/er damit einverstanden ist.
Du zeigst dich einverstanden und schlägst vor, dass ihr danach zum Sportzentrum gehen könntet, um die neue Kletterhalle auszuprobieren. Du fügst hinzu, dass Teresa und Manolo auch im Sportzentrum sind.	(Sí), de acuerdo. Y después podemos ir al polideportivo para probar el rocódromo **nuevo**. Teresa y Manolo **están** en el polideportivo también.
¿Quién es Teresa? ¿Es la novia de Manolo?	Du willst wissen, wer Teresa ist und ob sie die Freundin von Manolo ist.
Du verneinst und erklärst, dass sie seine Cousine aus Salamanca ist.	No, es su prima de Salamanca.
¿Cuántos años tiene?	Du willst wissen, wie alt sie ist.
Du glaubst, dass sie 19 (Jahre alt) ist.	Creo que tiene 19 (años).
Bueno, entonces probamos el rocódromo **nuevo** juntos. Hoy es gratis. ¿Vale?	Du fasst zusammen, dass ihr also die neue Kletterhalle zusammen ausprobiert und fügst hinzu, das sie heute umsonst ist.
Du drückst Begeisterung aus und verabschiedest dich.	¡Genial! / ¡Muy bien! ¡Hasta luego! / ¡Hasta ahora!
¡Sí! / Vale. ¡Hasta luego! / ¡Hasta ahora!	Du stimmst zu und verabschiedest dich auch.

Tándem Unidad 3

1 **Mit diesem Tandembogen übst du das Verb gustar und die indirekten Objektpronomen. ¿Qué te gusta hacer? Formula frases utilizando el verbo gustar. Tu compañero/-a te escucha y te corrige.**

Alumno/-a A	Alumno/-a B
a mí / mucho / hacer deporte	A mí **me** gusta mucho hacer deporte.
¿A ti **te** gusta ir al cine?	¿**a ti** / ir al cine?
a Laura / los conciertos de rap.	A Laura **le gustan** los conciertos de rap.
¿A ti **te** gusta bailar y escuchar música?	¿**a ti** / bailar y escuchar música?
¿**a vosotros** / ir al teatro?	¿A vosotros **os** gusta ir al teatro?
A mis padres no les gusta nada ver la tele.	a mis padres / nada / ver la tele
a Mateo / no / las películas españolas	A Mateo no **le gustan** las películas españolas.
A nosotros **nos gustan** las clases de español.	**a nosotros** / las clases de español
a mí / nada / los exámenes	A mí no **me gustan** nada los exámenes.
A mis hermanos **les** gusta mucho leer.	**a mis hermanos** / mucho / leer
¿**a ti** / el instituto?	¿A ti **te** gusta el instituto?
A Alejandro no **le** gusta nada el deporte.	**a Alejandro** / nada / el deporte.
a nosotros / mucho / las fiestas	A nosotros **nos gustan** mucho las fiestas.

2 **Tu amiga española Vega te llama porque quiere ir al cine. Pero tú tienes que estudiar.** | Deine spanische Freundin Vega ruft dich an, weil sie ins Kino gehen möchte. Aber du musst lernen.

Vega	tú
Du fragst dein Gegenüber (*Oye, …*), was er/sie gerade tut.	Oye, ¿qué estás haciendo?
Estoy estudiando para el examen de Inglés.	Du antwortest, dass du gerade für die Englischklausur lernst.
Du sagst, es gebe heute einen tollen Film im Kino und fragst dein Gegenüber, ob ihr nicht hingehen wollt.	Hoy hay una película superguay/genial en el cine. ¿Vamos? / ¿Por qué no vamos?
No puedo. El examen ya es mañana. Por eso estoy bastante nervioso/-a.	Du sagst, du könnest nicht. Die Klausur sei schon morgen. Du seist deswegen ziemlich nervös.
Du schlägst vor, dass ihr zusammen übt. Du sprichst gut Englisch.	¿Por qué no estudiamos/aprendemos/practicamos juntos? Yo hablo bien inglés.
¡Buena idea! ¿Quedamos/Podemos quedar en una hora en la biblioteca?	Tolle Idee! Du fragst, ob ihr euch in einer Stunde in der Bibliothek treffen könnt.
Du bist einverstanden. Dann könnt ihr ja doch ins Kino gehen!	Vale. / De Acuerdo. ¡Entonces sí podemos ir al cine!
Sí, genial/perfecto. ¡Hasta luego en la biblioteca!	Ja, toll! Bis gleich in der Bibliothek.
Bis gleich!	¡Hasta luego!

Tándem Unidad 4

Cintia y una amiga quieren quedar para estudiar juntas.
Haced el tándem.

Lest euch erst den Dialog gegenseitig auf Spanisch vor, dann ist der Tandembogen danach einfacher.

Amiga	Cintia
Du bekommst immer gute Noten in Mathe. Vielleicht können wir ja nach der Schule zusammen lernen.	Siempre sacas buenas notas en Matemáticas. Quizás podemos estudiar juntas después del instituto.
Buena idea. Pero es un poco difícil. Primero tengo que preguntar en casa si puedo.	Gute Idee, aber das ist ein bisschen schwierig. Ich muss erst zu Hause fragen, ob ich darf.
Na klar. Du kannst auch fragen, ob du bei mir bleiben und auch schlafen kannst. Dann brauchst du den Bus morgens nicht zu nehmen und wir können zu Fuß zur Schule gehen.	Claro. También puedes preguntar si te puedes quedar en mi casa y pasar la noche también. Entones no tienes que tomar el autobús por la mañana y podemos ir a pie al instituto.
Sí, pero mi madre me necesita en casa. Tengo que ayudar mucho en casa porque soy la mayor.	Ja, aber meine Mutter braucht mich zu Hause. Ich muss viel zu Hause helfen, weil ich die Älteste bin.
Verstehe. Du willst gar nicht mit mir lernen.	Entiendo. No quieres estudiar conmigo[1].
No es verdad. La idea me gusta mucho pero, por ejemplo, por la tarde siempre recojo a mis hermanitos/hermanos de la escuela.	Das stimmt nicht. Die Idee gefällt mir sehr, aber zum Beispiel hole ich nachmittags immer meine Geschwister von der Schule ab.
Dann frag doch deine Mutter, ob sie deine Geschwister abholen kann.	Entonces pregunta a tu madre si ella puede recoger a tus hermanos/hermanitos.
Sí, pero mi madre trabaja todo el día y después de la esuela tenemos que ayudar todos en el campo.	Ja, aber meine Mutter arbeitet den ganzen Tag und nach der Schule müssen wir alle auf dem Feld helfen.
Und dein Vater? Warum hilft er deiner Mutter nicht?	¿Y tu padre? ¿Por qué no ayuda a tu madre?
Trabaja en Lima. Por eso veo muy poco/poquito a mi papá.	Er arbeitet in Lima. Deshalb sehe ich meinen Vater sehr wenig.
Na so was. Dann ist es schwierig, aber du kannst ja fragen.	¡Vaya! Entonces es difícil pero puedes preguntar.
Sí, le voy a preguntar porque tengo muchas ganas de pasar la noche en tu casa. A veces ya no aguanto a todos mis hermanitos/hermanos, ¿sabes?	Ja, ich werde sie fragen, weil ich große Lust habe, bei dir zu übernachten. Manchmal ertrage ich meine ganzen Geschwister nicht mehr, weißt du?
Ich auch nicht – aber ich habe nur zwei und nicht sechs wie du.	Yo tampoco – pero solo tengo dos y no seis como tú.
Vale, voy a preguntar y mañana voy a saber más.	OK, ich werde fragen und morgen weiß ich mehr.
Perfekt. / Super.	Perfecto.

1 conmigo mit mir

Tándem Unidad 5

1 **Vas a pasar tres semanas en casa de una familia española. El padre / La madre de la familia te muestra tu habitación. Haz el tándem.**

el padre / la madre	tú
Du zeigst deiner Gastschülerin / deinem Gastschüler das Zimmer (*Mira, esta es…*) und fragst, ob es ihr/ihm gefällt.	Mira, esta es tu habitación. ¿Te gusta?
[La habitación] me gusta mucho / me encanta. Es tan bonita como mi habitación en Alemania. ¡Y más grande!	Das Zimmer gefällt dir sehr. Du sagst, es ist genauso schön wie dein Zimmer in Deutschland. Und größer!
Du erklärst, dass das Zimmer außerdem (*además*) sehr hell ist, da es zwei ziemlich große Fenster hat.	Además [la habitación] es muy luminosa/clara, porque tiene dos ventanas bastante grandes.
Sí, es verdad. Mi habitación en Alemania no es tan luminosa/clara como esta.	Du stimmst dem zu. Dein Zimmer in Deutschland ist nicht so hell wie dieses.
Du erklärst, dass es zwar viel Verkehr (*tráfico*) auf der Straße gibt, aber das Zimmer ziemlich ruhig ist.	Hay mucho tráfico en la calle, pero la habitación es bastante tranquila.
¿Dónde puedo poner / Dónde pongo mis cosas?	Du fragst, wo du deine Sachen hinstellen kannst.
Du verweist auf das Regal und den großen Schrank.	Mira, aquí hay/tienes una estantería y un armario grande.
¡Esta / La habitación es genial/perfecta/fantástica!	Du findest das Zimmer einfach toll!

2 **Du bist in Spanien und fragst einen Passanten (deine/n Mitschüler/in) nach dem Weg. Er/Sie schaut sich den Stadtplan an und erklärt ihn dir. Danach tauscht ihr die Rollen.**

Por favor, ¿para ir al restaurante *Mar y Sol*?

Disculpa, ¿hay un banco por aquí cerca?

Perdona, ¿dónde está la Plaza Antigua?

Perdona, busco una farmacia.

¿Me puede decir dónde hay un supermercado por aquí cerca?

seguir todo recto   coger la primera/segunda/tercera calle a la izquierda / a la derecha
girar a la izquierda / a la derecha   cruzar la calle

Tándem Unidad 6

Después de las vacaciones te encuentras con una amiga y os ponéis al día. Haced el tándem y practicad el pretérito indefinido de los verbos.

Ejemplo:
–¿Cuándo saliste a bailar por última vez?
–Salí a bailar por última vez… [31 → p. e. el fin de semana pasado].

31 **ayer** **el fin de semana pasado** **la semana pasada** **hace X días/semanas/meses/años** **el otro día (= neulich)**	**31** **ayer** **el fin de semana pasado** **la semana pasada** **hace X días/semanas/meses/años** **el otro día (= neulich)**
¿Cuándo (*viajar*, tú) a otro país por última vez?	¿Cuando viajaste a otro país por última vez?
Viajé a otro país por última vez…	(*Viajar*, yo) a otro país por última vez 31
¿Cuándo (*ir*) a un mercado por última vez?	¿Cuando fuiste a un mercado por última vez?
Fui a un mercado por última vez…	(*Ir*) a un mercado por última vez 31
¿Cuándo (*salir*) a bailar por última vez?	¿Cuando saliste a bailar por última vez?
Salí a bailar por última vez…	(*Salir*) a a bailar por última vez 31
¿Cuándo (*comer*) patatas por última vez?	¿Cuándo comiste patatas por última vez?
Comí patatas por última vez…	(*Comer*) patatas por última vez 31
¿Cuándo (*visitar*) un museo por última vez?	¿Cuándo visitaste un museo por última vez?
Visité un museo por última vez…	(*Visitar*) un museo por última vez 31
¿Y tú? ¿Cuándo viajaste a otro país por última vez?	¿Y tú? ¿Cuándo (*viajar*) a otro país por última vez?
(*Viajar*) a otro país por última vez 31	Viajé a otro país por última vez…
¿Cuando fuiste a la playa por última vez?	¿Cuándo (*ir*) a la playa por última vez?
(*Ir*) a la playa por última vez 31	Fui a la playa por última vez…
¿Cuando subiste una montaña[1] por última vez?	¿Cuando (*subir*) una montaña por última vez?
(*Subir*) una montaña por última vez 31	Subí una montaña por última vez…
¿Cuando comiste en un restaurante por última vez?	¿Cuándo (*comer*) en un restaurante por última vez?
(*Comer*) en un restaurante por última vez 31	Comí en un restaurante por última vez…
¿Cuando fuiste en metro por última vez?	¿Cuándo (*ir*) en metro por última vez?
(*Ir*) en metro por última vez 31	Fui en metro por última vez…

1 la montaña der Berg

Tándem Unidad 7

1 a Prepárate para una entrevista de orientación. Apunta
- **qué te gustaría ser o hacer y por qué te gusta o interesa esta profesión**
- **tus puntos fuertes**
- **tus puntos débiles**

Puedes usar las expresiones de la tarea 9 del libro de textos (p. 105).

Spielt den Tandembogen zunächst mit den weiß unterlegten Lösungskästchen durch. Wechselt erst danach zu den farblich unterlegten Kästchen.

b Es el momento de la entrevista de orientación. Haced el tándem dos veces: primero A es el/la orientador/a, luego B.

el/la orientador/a laboral	tú
[Du eröffnest das Gespräch.] Dann fragst du dein Gegenüber nach seinen / ihren Berufsvorstellungen.	[Hola. / ¿Qué tal? / Bienvenido/-a a la entrevista. / ¿Podemos empezar? Etc.] ¿Qué te gustaría ser / Qué quieres hacer?
Me gustaría… Quiero… Mi sueño es…	Du nennst deine Berufsvorstellungen.
Du möchtest gerne wissen, warum deinem Gegenüber dieser Beruf gefällt oder ihn/sie interessiert.	¿Por qué te gusta / te interesa esta profesión?
Me gusta/interesa porque …	Du nennst einen Grund.
Du fragst dein Gegenüber nach seinen/ihren Stärken.	Qué piensas, ¿cuáles son tus puntos fuertes?
Mi punto fuerte es… Tengo facilidad para… Me resulta fácil… Soy bueno/-a en…	Du nennst deine Stärken.
Nun fragst du nach den Schwächen.	¿Y cuáles son tus puntos débiles?
Mi punto débil es… Me cuesta… Me resulta difícil… No soy bueno/-a en…	Du nennst deine Schwächen.
Du gibst eine grobe Einschätzung ab, ob die genannten Stärken und Schwächen den Berufsvorstellungen entsprechen.	Empezar/Hacer la carrera de… (no) me parece una buena idea porque… / (no) es una buena opción porque…
Gracias por la entrevista y su ayuda. ¡Adiós!	Du bedankst dich für das Gespräch und die Hilfe und verabschiedest dich.
Du verabschiedest dich auch.	¡Adiós!

Tándem Unidad 8

Estás de vacaciones en Cádiz. Vas a un hotel y hablas con el / la recepcionista. Haced el diálogo:

tú	el/la recepcionista
Du grüßt und möchtest wissen, ob es noch ein freies Zimmer für das Wochenende gibt.	Hola / Buenos días. ¿Todavía tiene una habitación libre para este fin de semana?
Buenos días. ¿Para cuántas personas necesitas una habitación?	Du grüßt zurück und möchtest wissen, für wie viele Personen ein Zimmer benötigt wird.
Du bist allein …	Solo para mí/una persona.
A ver, sí, tenemos/hay dos habitaciones libres, una habitación es con / tiene balcón.	Du überlegst und siehst nach und sagst, dass es noch zwei freie Zimmer gibt, eins davon mit Balkon.
Du fragst, ob sie denselben Preis haben / ob sie gleich viel kosten.	¿Tienen el mismo precio?
No, la habitación con balcón da al patio y es más tranquila y por eso cuesta 20 euros más.	Du verneinst und sagst, dass das Balkonzimmer zum Hof liegt und ruhiger ist, deshalb kostet es 20 Euro mehr.
Du möchtest wissen, wieviel die Zimmer pro Nacht kosten.	¿Cuánto cuestan (las habitaciones) por (una) noche?
Pues, la habitación que da a la calle cuesta sesenta y ocho euros la noche y la habitación con balcón cuesta ochenta y ocho (euros).	Das Zimmer zur Straße kostet 68 Euro pro Nacht und das Zimmer mit Balkon kostet 88 Euro.
Du überlegst und sagst, dass 88 Euro viel Geld ist und fragst, ob es sich lohnt, 20 Euro mehr zu zahlen.	A ver, ochenta y ocho euros es mucho (dinero). ¿Vale la pena pagar veinte euros más?
El hotel está en el centro, aquí la gente sale tarde y ahora en agosto hace tanto calor que es mejor no cerrar la ventana.	Du erklärst, dass das Hotel im Zentrum liegt, die Leute gehen hier spät aus und jetzt im August ist es so heiß, dass es besser ist, das Fenster nicht zu schließen.
Du fasst zusammen, dass sich das Balkonzimmer also lohnt und fragst, ob das Frühstück im Preis inbegriffen ist.	Entonces la habitación interior vale la pena. ¿El desayuno está incluido (en el precio, verdad)?
Sí, está incluido (en el precio). Y también hay acceso gratis a internet.	Du bejahst das und fügst hinzu, dass der Zugang zum Internet gratis sei/ist.
Du möchtest wissen, ob es eine Klimaanlage gibt.	¿Tiene/n / Hay aire acondicionado?
El restaurante tiene aire acondicionado pero no hay aire acondicionado en las habitaciones / las habitaciones no tienen aire acondicionado.	Du sagst, dass das Restaurant klimatisiert ist, aber die Zimmer nicht.
Du beschließt, noch im Hotel nebenan zu fragen und sagst, dass du dich dann entscheiden wirst. Du fragst, ob das in Ordnung ist.	Bueno, voy a preguntar en el hotel que está al lado y después voy a decidir. ¿Vale?
Por supuesto. No hay problema. Voy a estar en la recepción hasta las once / veintitrés horas.	Natürlich – gar kein Problem. Du sagst, dass du noch bis 23 Uhr an der Rezeption bist.

Evaluación 1

1 1. soy; soy – 2. charlan – 3. estudiáis; trabajáis; estudiamos – 4. habla – 5. hablas; practicamos – 6. eres; hablas/habláis; hablo/hablamos – 7. sois; somos – 8. trabajo; Estudio

2
1. ¿Dónde vivís? –Vivimos en Barcelona.
2. ¿Qué escribes? –Escribo un mensaje.
3. ¿Dónde estudiáis? –Estudiamos en el instituto Parque Aluche.
4. ¿Quiénes aprenden alemán? –Marta y Lucía aprenden alemán.
5. ¿Quién recibe un mensaje? –Alejandro recibe un mensaje.
6. ¿Dónde vive Lucía? –Lucía vive en Madrid
7. ¿Qué leéis? –Nosotros leemos los textos de Inglés.

3 *Mögliche Lösung:* Hola, soy Luis… tengo dieciséis años y soy de Madrid. Vivo en el barrio Argüelles, en la calle de Ferraz, número 58. Soy alumno de bachillerato en el Instituto Lope de Vega. Tengo dos hermanos, María y Nicolás. María tiene doce años y Nicolás tiene catorce.

4
1. creativa – alegre – Mi – mi – serio – estricto – tus
2. majo – su – Sus – divertidos y alegres – su – diferente – tranquila – tímida.

5 es – es – Está – hay – es – es – son – hay – Están

6
1. ¿Vas hoy al parque? –No puedo, tengo que estudiar alemán.
2. ¿Vas después a la heladería? –Sí, quiero tomar café con Marta.
3. ¿Queréis ir al cine? –No podemos, tenemos que practicar alemán.
4. ¿Vas mañana al polideportivo? –Sí, quiero probar el rocódromo con Tarek.
5. ¿Puedo ir con vosotros? –Sí, podemos quedar en el parque.
6. ¿Vais después al museo? –No podemos, Tarek tiene que ir a la piscina.
7. ¿Vamos al museo? –Sí, mañana no tengo que estudiar.

Evaluación 2

1 1. no me gusta nada – 2. les gustan bastante – 3. te gusta mucho – 4. le gusta mucho – 5. nos gusta bastante – 6. me gusta bastante – 7. os gusta mucho – 8. no le gustan nada – 9. le gustan mucho – 10. nos gusta mucho

2
1. ¡Manuel! –¿Eh? Un momento, estoy escribiendo un mensaje.
2. ¡Tarek! –¿Eh? Un momento, estoy hablando con un amigo.
3. ¡Lucía! –¿Eh? Un momento, estoy leyendo un e-mail.
4. ¡Marta! –¿Eh? Un momento, estoy mirando fotos.
5. ¡Alejandro! –¿Eh? Un momento, estoy viendo un vídeo.
6. ¡Manuel! –¿Eh? Un momento, estoy buscando un número.

3 1. Necesitas – 2. Qué buscas – 3. Qué talla tienes – 4. Qué te parece – 5. Te gustan – 6. Cuánto es

4 *Mögliche Lösungen:*
1. Mis amigos preguntan si vamos a ir todos juntos mañana al parque.
2. Mis amigos preguntan cuándo quedamos mañana, (si) a las 11:15 o a las 11:45.
3. Mis amigos quieren saber si Manuel también viene después al concierto.
4. Mis amigos quieren saber cómo se llaman los hermanos de Tarek.
5. Mis amigos preguntan por qué Lucía aprende alemán.

5
1. ¡Explícale el problema!
2. ¡Escríbele un e-mail!
3. ¡Dales el juego!
4. ¡Cómprate zapatos nuevos!
5. ¡Léeme el mensaje!
6. ¡Mándales el enlace!
7. ¡Explícanos el ejercicio!

6 *Mögliche Lösung:* Rafa se levanta y se ducha a las siete y cuarto. A las ocho desayuna y a las ocho y cuarto se va a la escuela. Entre las nueve menos cuarto y las dos y media está en clase. A las tres menos cuarto come en casa. Antes de hacer deporte, Rafa estudia un poco. Por la tarde queda con amigos y a las nueve (de la noche) cena con la familia. Después de cenar, Rafa lee un poco y ve la tele. A las once y media se acuesta.

7 soy – vengo – me levanto – puedo – tengo que – son – digo – escuchan – me apuro – pongo – ayudo – hago – veo – juego – salgo – me acuesto – estoy

Evaluación 3

1
1. queréis pasar un día romántico, id
2. os interesa el teatro, salid
3. os gustan los churros, desayunad
4. sois creativos, poned atención
5. buscáis la mejor vista de Madrid, visitad

2 debajo de – Entre – al lado de – en – Encima – delante

3 más pequeña – más luminosa que – menos ruidosa – tan bonita como – más interesante que – tan central como – mejor que

4
1. La asignatura más fácil para mí es Biología.
2. La asignatura más difícil para mí es XX.
3. El deporte más interesante para mí es XX.
4. La lengua más fácil para mí es XX.
5. El mejor profesor para mí es XX.
6. El libro más divertido para mí es XX.
7. La peor película para mí es XX.
8. El mejor grupo de música para mí es XX.

5
1. ¿Conoces ya a mi hermano? –No, no lo conozco todavía.
2. ¿Sabes dónde puedo comprar zapatos de cuero ecológico? –Sí, creo que hay una tienda en el centro que los ofrece.
3. ¿Estás buscando el folleto? –Sí, lo necesito para el proyecto.
4. ¿Entonces tengo que seguir esta calle? –Sí, la tienes que seguir hasta el final. Ahí está la tienda que estás buscando.
5. ¿Vas a comprar esta camiseta? –Sí, creo que sí, pero hoy no llevo dinero. Voy a volver mañana para comprarla.

6 llegué – hice – fue – Quedé – puse – dio – fue – llegó – escribió – leí – pareció – Seguí – pude – Probé – fui – encantaron – visité – comí – fueron – conocí

Evaluación 4

1 Para hacer una FP Media, se va un un año y medio al instituto. Después se realizan prácticas en una empresa y así se conoce la vida laboral. En España, las prácticas no se pagan. Cuando se terminan los estudios, se recibe el título de Técnico y se puede ir a trabajar o seguir un estudio de FP Superior.

2 1. buen – 2. gran – 3. gran – 4. buena – 5. mala – 6. mal

3
1. Antes jugábamos en la calle, hoy los jóvenes juegan a los videojuegos.
2. Antes compartíamos la habitación, hoy los jóvenes tienen una habitación propia.
3. Antes íbamos al cine, hoy los jóvenes ven películas en internet.
4. Antes hablábamos los unos con los otros, hoy los jóvenes chatean por el móvil.
5. Antes escribíamos cartas y postales, hoy los jóvenes escriben mensajes.
6. Antes escuchábamos la radio, hoy los jóvenes usan más el mp3.
7. Antes nos acostábamos temprano, hoy los jóvenes salen siempre con amigos.

4 iba – pensé –me presenté – había – me puse – era – estaba – salió – vivían – aceptaron – pasamos – gustó – hacía – disfrutaba – Fue

5 hace calor – hace frío – está nublado – nieva – nieva – hay tormentas – llueve – hace sol